CYBERSECURITY: IL RECEPIMENTO DELLA DIRETTIVA NIS2 IN ITALIA

Due diligence e ruolo degli ingegneri nel quadro del D. Lgs. n. 138/2024

Roberto Sammarchi

Parma & Sammarchi - Imprese e diritti

Copyright © 2024 Parma & Sammarchi

Tutti i diritti riservati

Luogo di publicazione: Casalecchio di Reno, Bologna (IT)

Sito web dell'editore: parmasammarchi.it

SOMMARIO

Frontespizio

Copyright

Premessa   1

1. Introduzione alla Direttiva NIS2 e contesto normativo europeo   3

2. Il recepimento della Direttiva NIS2 in Italia: il D.Lgs. 138/2024   13

3. Soggetti obbligati e ambito di applicazione   20

4. Due Diligence e obblighi di gestione dei rischi cibernetici   32

5. Notifica degli incidenti di sicurezza   43

6. Il ruolo degli ingegneri nella cybersecurity   54

7. Strategia nazionale di cybersicurezza e governance   67

8. Cooperazione internazionale e dimensione europea   81

9. Aspetti sanzionatori e regime di vigilanza   89

10. Prospettive future per la cybersecurity in Italia e in Europa   95

11. Schema operativo di due diligence ai sensi del D. Lgs. 138/2024   103

Conclusione   106

Atti aggiornati dal D. Lgs. 138/2024   108

Atti correlati al D. Lgs. 138/2024   109

Informazioni sull'autore

PREMESSA

La trasformazione digitale rappresenta una delle sfide più complesse e ambiziose che le società moderne si trovano ad affrontare. Questa evoluzione ha ampliato le opportunità di crescita economica, innovazione tecnologica e progresso sociale, ma ha anche moltiplicato le vulnerabilità delle infrastrutture critiche, delle reti informatiche e dei dati che alimentano il cuore pulsante delle nostre economie. In questo contesto, la cybersecurity emerge come una priorità assoluta, una vera e propria condizione per garantire la continuità e la sicurezza delle attività economiche, sociali e istituzionali.

La Direttiva (UE) 2022/2555, nota come Direttiva NIS2, si inserisce in questo quadro come un pilastro normativo per rafforzare il livello di sicurezza cibernetica nell'Unione Europea. La nuova norma non si limita ad aggiornare le regole previste dalla precedente Direttiva NIS, ma si propone di superare le lacune del testo precedente, armonizzando gli approcci nazionali, ampliando il perimetro di applicazione e introducendo obblighi più stringenti per la gestione dei rischi informatici e la notifica degli incidenti di sicurezza.

Il recepimento in Italia della Direttiva NIS2, avvenuto con il Decreto Legislativo 4 settembre 2024, n. 138, segna un passo decisivo per dotare il Paese di un quadro normativo moderno e adeguato alle crescenti minacce cyber.

Questo volume esplora l'attuazione della Direttiva NIS2 nel contesto italiano, con un duplice obiettivo. Da un lato, offre un'analisi dettagliata delle norme introdotte, dei soggetti obbligati e delle azioni richieste per conformarsi agli obblighi di sicurezza e due diligence. Dall'altro, pone l'accento sul ruolo centrale che le diverse figure professionali, in particolare gli ingegneri, svolgono nella progettazione e nell'attuazione di misure efficaci di gestione dei rischi cibernetici, valorizzando la loro competenza tecnica e la loro capacità di dialogare con le altre figure coinvolte nei processi organizzativi.

Il libro è concepito come uno strumento operativo per professionisti, dirigenti d'impresa e funzionari pubblici, nonché come un contributo per alimentare il dibattito su una materia in continua evoluzione.

Gli approfondimenti proposti mirano a fornire indicazioni pratiche e spunti di riflessione che possano guidare imprese e amministrazioni nel percorso di adeguamento alla normativa, favorendo al contempo una maggiore consapevolezza sulla necessità di un approccio integrato e collaborativo alla sicurezza cibernetica.

La complessità della materia richiede una visione olistica e multidisciplinare, che consideri la cybersecurity non solo come un tema tecnico, ma anche come una questione strategica e culturale. Solo attraverso uno sforzo collettivo e una piena integrazione tra normative, competenze tecniche e processi organizzativi sarà possibile affrontare con successo le sfide poste dalle minacce alla sicurezza digitale e proteggere così i fondamenti della nostra società.

1. INTRODUZIONE ALLA DIRETTIVA NIS2 E CONTESTO NORMATIVO EUROPEO

Origini della Direttiva (UE) 2022/2555

La nascita del quadro normativo europeo sulla cybersecurity

L'evoluzione della cybersecurity come tematica centrale nell'agenda politica dell'Unione Europea è legata alla trasformazione digitale globale e al ruolo sempre più rilevante delle reti informatiche nel sostenere le infrastrutture critiche e i servizi essenziali. La Direttiva (UE) 2022/2555, nota come Direttiva NIS2, rappresenta il risultato di un lungo processo di adeguamento normativo, avviato con l'adozione della prima Direttiva NIS (Network and Information Security) nel 2016, poi recepita in Italia con il D.Lgs. 65/2018.

La Direttiva NIS nasceva in risposta a un panorama cyber in rapida evoluzione, caratterizzato da un aumento esponenziale di minacce informatiche e vulnerabilità delle reti digitali. L'obiettivo principale della direttiva era stabilire un livello comune di sicurezza delle reti e dei sistemi informatici nell'UE, attraverso obblighi di gestione dei rischi e di notifica degli incidenti per gli operatori di servizi essenziali e i fornitori di servizi digitali.

Nonostante il progresso normativo costituito dalla Direttiva NIS, il riesame condotto dalla Commissione Europea nel 2020 ha evidenziato significative disparità nell'attuazione delle misure tra gli Stati membri, insieme a lacune strutturali che rendevano il quadro normativo non adeguato alle nuove criticità.

Tra queste si segnalano:

- *Forte frammentazione normativa*: ogni Stato membro applicava criteri diversi per identificare gli operatori di servizi essenziali, generando incertezza giuridica e difficoltà operative, soprattutto per le imprese che operavano in più Stati.

- *Aumento della complessità e delle minacce*: il panorama cyber si era evoluto, includendo attacchi sempre più sofisticati e su larga scala, con impatti sistemici su settori critici.

- *Necessità di una maggiore cooperazione transfrontaliera*: la mancanza di un coordinamento efficace tra gli Stati membri rappresentava un limite nel rispondere a incidenti che coinvolgevano più giurisdizioni.

La proposta della Direttiva NIS2
Alla luce di queste criticità, il 16 dicembre 2020 la Commissione Europea ha presentato la proposta per la Direttiva NIS2. Questa iniziativa faceva parte della strategia dell'Unione Europea per rafforzare la resilienza cibernetica e migliorare la sicurezza del mercato interno in un contesto digitale sempre più interconnesso.

Gli obiettivi principali della proposta NIS2 includevano:

- *Ampliamento dell'ambito di applicazione*: la direttiva proponeva di estendere gli obblighi di cybersecurity a un numero maggiore di soggetti, includendo, oltre agli operatori di servizi essenziali, anche enti pubblici, piccole imprese in settori critici e fornitori di servizi di comunicazione elettronica.

- *Uniformità normativa*: si puntava a introdurre criteri armonizzati per l'identificazione dei soggetti obbligati e per la gestione dei rischi di sicurezza, eliminando le discrepanze tra gli Stati membri.

- *Miglioramento della cooperazione a livello europeo*: erano previsti strumenti specifici per facilitare la condivisione di informazioni, come la rete EU-CyCLONe per la gestione delle crisi informatiche su larga scala.

- *Aumento delle sanzioni*: la proposta introduceva un sistema sanzionatorio più incisivo per garantire la conformità.

L'adozione della Direttiva NIS2
Dopo un periodo di negoziazioni tra il Parlamento Europeo e il Consiglio, la Direttiva NIS2 è stata adottata il 14 dicembre 2022 e pubblicata nella Gazzetta Ufficiale dell'Unione Europea il 27 dicembre 2022. L'atto abroga la precedente Direttiva NIS e stabilisce un nuovo quadro normativo con standard minimi comuni, mirato a rafforzare la resilienza dei sistemi informativi nell'UE.
La direttiva ha fissato una scadenza per il recepimento negli ordinamenti nazionali entro il 17 ottobre 2024, segnando una transizione verso un approccio più coordinato e completo alla sicurezza cibernetica.
La sua adozione rappresenta non solo un passo avanti nella protezione delle infrastrutture critiche e dei servizi essenziali, ma anche un riconoscimento del ruolo centrale della cybersecurity come elemento abilitante per lo sviluppo economico e sociale in un contesto digitale sempre più complesso.

Evoluzione delle misure di sicurezza cibernetica nell'UE

La sicurezza cibernetica come priorità europea
Negli ultimi due decenni, l'Unione Europea ha gradualmente riconosciuto l'importanza della sicurezza cibernetica come elemento fondamentale per garantire la resilienza delle sue infrastrutture critiche, la protezione dei dati personali e il funzionamento del mercato interno. Tale consapevolezza è maturata di pari passo con la trasformazione digitale e l'aumento della dipendenza economica e sociale dalle tecnologie dell'informazione e della comunicazione (ICT).
L'evoluzione delle misure di sicurezza cibernetica nell'UE è stata caratterizzata da una progressiva integrazione delle politiche nazionali in un quadro comune, attraverso strumenti normativi, linee guida e iniziative di cooperazione. Gli interventi miravano a rispondere a minacce sempre più sofisticate e a fornire agli Stati

membri le risorse e le competenze necessarie per affrontare un panorama di rischio in costante evoluzione.

I primi passi: la Direttiva NIS del 2016
Il primo intervento organico dell'UE in materia di sicurezza cibernetica è rappresentato dalla Direttiva (UE) 2016/1148, nota come Direttiva NIS (Network and Information Security). Questo strumento legislativo è stato concepito per stabilire un livello comune di sicurezza delle reti e dei sistemi informativi tra gli Stati membri, ponendo le basi per una maggiore cooperazione e armonizzazione.

Le principali innovazioni introdotte dalla Direttiva NIS includevano:

- *Obblighi per gli operatori di servizi essenziali e i fornitori di servizi digitali*: la direttiva imponeva l'adozione di misure di sicurezza e la notifica degli incidenti significativi per gli operatori di servizi essenziali (es. energia, sanità, trasporti) e i fornitori di servizi digitali (es. motori di ricerca, piattaforme cloud).

- *Strategie nazionali di sicurezza cibernetica*: ogni Stato membro era chiamato a sviluppare una strategia nazionale per la protezione delle infrastrutture critiche e delle reti informatiche.

- *Cooperazione a livello UE*: La direttiva istituiva il Gruppo di Cooperazione NIS e la rete CSIRT (Computer Security Incident Response Teams) per facilitare la condivisione di informazioni e il coordinamento in caso di incidenti transfrontalieri.

Nonostante il valore pionieristico della Direttiva NIS, il suo impatto è stato limitato da una frammentazione nell'applicazione a livello nazionale e dall'assenza di un approccio uniforme alla gestione delle minacce.

Verso una maggiore resilienza: il Cybersecurity Act del 2019
Un ulteriore passo avanti nella strategia di sicurezza cibernetica dell'UE è stato compiuto con l'adozione del Cybersecurity Act nel 2019.

Questo regolamento ha introdotto due innovazioni fondamentali:

- *Rafforzamento del ruolo dell'ENISA*: l'Agenzia dell'Unione Europea per la Cybersecurity (ENISA) ha ricevuto un mandato permanente, con responsabilità accresciute nel coordinamento delle politiche cibernetiche europee e nel supporto agli Stati membri.

- *Quadro europeo per la certificazione della cybersicurezza*: è stato istituito un sistema di certificazione comune per garantire che i prodotti, i servizi e i processi ICT rispettino standard di sicurezza riconosciuti a livello UE.

L'iniziativa ha rappresentato un segnale chiaro dell'intenzione dell'UE di dotarsi di strumenti robusti per affrontare un panorama di rischio sempre più complesso.

Il nuovo panorama delle minacce e la necessità di una revisione
Il rapido progresso tecnologico e l'interconnessione delle infrastrutture hanno generato un'esposizione crescente alle minacce cibernetiche.

Tra gli sviluppi più significativi si segnalano:

- *Aumento della frequenza e della sofisticazione degli attacchi*: cybercriminali e attori statali hanno adottato tecniche avanzate, tra cui ransomware, attacchi alla supply chain e phishing su larga scala.

- *Impatto sistemico degli incidenti*: Gli attacchi cibernetici hanno dimostrato di poter compromettere la continuità operativa di settori essenziali, con effetti a cascata sull'economia e la società.

- *Dipendenza dalle tecnologie emergenti*: Tecnologie come l'intelligenza artificiale, l'Internet of Things (IoT) e il 5G hanno introdotto nuove vulnerabilità, amplificando la superficie di attacco.

In questo contesto, l'UE ha riconosciuto la necessità di un quadro normativo più solido e coordinato, portando all'adozione della Direttiva NIS2.

L'approccio della Direttiva NIS2
Il nuovo testo si propone di colmare le lacune della normativa precedente attraverso:

- *Ampliamento dell'ambito di applicazione*: la direttiva include nuovi settori e soggetti obbligati, come le pubbliche amministrazioni centrali e alcune imprese di dimensioni più piccole.

- *Uniformità e armonizzazione*: introduce criteri standardizzati per l'identificazione dei soggetti critici e per la gestione dei rischi.

- *Cooperazione potenziata*: rafforza gli strumenti di coordinamento tra gli Stati membri, con particolare attenzione alla risposta coordinata agli incidenti su vasta scala.

La Direttiva NIS2 rappresenta un'evoluzione significativa nel percorso normativo dell'UE, adattandosi alle esigenze di un mondo digitale sempre più interconnesso e minacciato. Riafferma il ruolo centrale della sicurezza cibernetica non solo come elemento tecnico, ma come pilastro strategico per la protezione delle società europee.

Obiettivi strategici della Direttiva NIS2

La Direttiva (UE) 2022/2555 rappresenta un significativo passo avanti nella regolamentazione della sicurezza cibernetica in Europa e risponde alla necessità di un approccio più ampio e uniforme per affrontare le sfide del panorama digitale in rapida evoluzione. I suoi obiettivi sono migliorare la resilienza complessiva del tessuto economico e sociale dell'Unione Europea e garantire una risposta coordinata ed efficace alle crescenti minacce informatiche.

Creare un livello comune di sicurezza cibernetica nell'Unione Europea

Uno dei principali obiettivi della Direttiva NIS2 è promuovere un livello uniforme e comune di sicurezza cibernetica tra gli Stati membri, superando le disparità emerse con l'applicazione della precedente Direttiva NIS, che aveva permesso approcci differenti a livello nazionale.

La nuova direttiva mira così a:

- *Armonizzare gli standard minimi* per la gestione dei rischi e la notifica degli incidenti;

- *Ridurre la frammentazione normativa* che ostacola la collaborazione e genera costi aggiuntivi per le imprese transfrontaliere;

- *Promuovere una maggiore coerenza* tra le normative nazionali, rafforzando la fiducia reciproca tra gli Stati membri.

Rafforzare la resilienza dei settori critici e delle infrastrutture essenziali

La Direttiva NIS2 riconosce il ruolo delle infrastrutture critiche e dei servizi essenziali nel garantire il benessere economico e sociale dell'UE. Per questo motivo, amplia il perimetro dei settori obbligati, includendo nuovi ambiti chiave come:

- *Energia* (elettricità, petrolio, gas);

- *Sanità* (ospedali, fornitori di assistenza sanitaria);

- *Infrastrutture digitali* (reti di comunicazione elettronica, cloud);

- *Servizi pubblici essenziali* e pubbliche amministrazioni.

Tale espansione mira a proteggere le attività economiche e sociali critiche da potenziali disservizi causati da incidenti cibernetici, prevenendo danni sistemici all'interno del mercato interno.

Promuovere una gestione del rischio cibernetico più robusta

La gestione del rischio cibernetico è al centro della Direttiva NIS2, che introduce obblighi specifici per le organizzazioni, tra cui:

- L'adozione di misure di gestione dei rischi basate su standard riconosciuti;

- L'integrazione della sicurezza cibernetica nei processi decisionali strategici e nei piani operativi;

- La realizzazione di una due diligence continua per identificare, valutare e mitigare le vulnerabilità.

La norma incentiva un approccio proattivo, in cui la sicurezza cibernetica non sia più percepita come un costo ma come un elemento essenziale per la continuità operativa e la competitività.

Migliorare la risposta agli incidenti e la resilienza a lungo termine
Un altro pilastro della Direttiva NIS2 è rafforzare la capacità di risposta e recupero in caso di incidenti cibernetici.

Gli obblighi introdotti mirano a:

- Garantire una notifica tempestiva degli incidenti significativi alle autorità competenti, migliorando la trasparenza e la consapevolezza sulle minacce;

- Promuovere l'adozione di piani di continuità operativa e disaster recovery da parte delle organizzazioni obbligate;

- Incrementare la resilienza sistemica, anche attraverso esercitazioni e simulazioni di crisi.

Questo approccio permette di mitigare gli impatti degli incidenti e di rafforzare la fiducia degli utenti nei servizi digitali.

Facilitare la cooperazione e il coordinamento tra gli Stati membri
La Direttiva NIS2 sottolinea l'importanza della cooperazione transfrontaliera per affrontare minacce che non rispettano i

confini nazionali.

La norma introduce:

- Il potenziamento del Gruppo di Cooperazione NIS, per agevolare lo scambio di informazioni e le strategie comuni;

- La creazione della rete EU-CyCLONe, dedicata alla gestione delle crisi informatiche su larga scala;

- L'obbligo per gli Stati membri di designare punti di contatto unici e di partecipare attivamente ai meccanismi europei di coordinamento.

Queste misure rafforzano l'UE come spazio sicuro e interconnesso, capace di rispondere con prontezza a minacce globali.

Introduzione di sanzioni efficaci per incentivare la conformità
La Direttiva NIS2 prevede un regime sanzionatorio più severo rispetto al passato, includendo multe significative per le organizzazioni non conformi.

Questo approccio:

- Incentiva l'adeguamento alle nuove norme;

- Evidenzia l'importanza strategica della cybersecurity per la stabilità economica e sociale;

- Rafforza il ruolo delle autorità di vigilanza, rendendo più efficace l'enforcement delle norme.

Adozione di tecnologie sicure e protezione della supply chain
La Direttiva NIS2 riconosce la crescente complessità della supply chain digitale e il rischio di attacchi alle sue componenti.

Tra gli obiettivi vi è quindi:

- Promuovere l'utilizzo di tecnologie certificate e sicure;

- Garantire la tracciabilità dei fornitori e la sicurezza delle infrastrutture lungo tutta la catena di approvvigionamento;

- Ridurre i rischi sistemici derivanti da vulnerabilità condivise tra organizzazioni interconnesse.

Gli obiettivi strategici della Direttiva NIS2 riflettono una visione matura della sicurezza cibernetica come pilastro per il futuro dell'Unione Europea. La sua attuazione non solo contribuisce a rendere più sicure le reti e i sistemi informativi, ma favorisce anche un'innovazione tecnologica sostenibile, consolidando il ruolo dell'UE come leader globale nel garantire un ambiente digitale sicuro e affidabile.

2. IL RECEPIMENTO DELLA DIRETTIVA NIS2 IN ITALIA: IL D.LGS. 138/2024

Struttura e contenuti principali del decreto

Il Decreto Legislativo 4 settembre 2024, n. 138, entrato in vigore il 16 ottobre 2024, rappresenta il quadro normativo attraverso cui l'Italia ha recepito la Direttiva (UE) 2022/2555 (NIS2), garantendo l'allineamento con le nuove misure europee per un livello comune elevato di sicurezza cibernetica. Il provvedimento si distingue per un'impostazione organica che integra le esigenze di armonizzazione europea con le specificità del contesto nazionale.

Struttura del decreto legislativo
Il decreto si articola in sei Capi e 44 articoli, oltre a 4 allegati, organizzati per rispondere in modo sistematico ai requisiti posti dalla Direttiva NIS2 e alla necessità di rafforzare la sicurezza informatica nazionale.

Questa la struttura del testo:

- Capo I – Disposizioni generali
Definisce gli obiettivi e l'ambito di applicazione del decreto.
Individua le autorità competenti, tra cui l'Agenzia per la cybersicurezza nazionale (ACN), designata come Autorità nazionale NIS e punto di contatto unico.
Stabilisce le definizioni fondamentali per garantire chiarezza interpretativa e coerenza con il quadro normativo europeo.

- Capo II – Quadro nazionale di sicurezza informatica
Disciplina la strategia nazionale di cybersicurezza e il sistema di governance.
Introduce il quadro per la gestione delle crisi informatiche, con il coinvolgimento del CSIRT Italia (Computer Security Incident

Response Team).
Promuove la cooperazione tra autorità nazionali e l'adozione di accordi per la condivisione delle informazioni.

- *Capo III – Cooperazione a livello dell'Unione Europea e internazionale*
Regola i meccanismi di cooperazione transfrontaliera, rafforzando il ruolo dell'Italia nel Gruppo di Cooperazione NIS e nella rete EU-CyCLONe.
Stabilisce obblighi di comunicazione con la Commissione Europea e altre autorità sovranazionali.

- *Capo IV – Obblighi in materia di gestione del rischio per la sicurezza informatica e notifica di incidente*
Impone obblighi specifici per la gestione dei rischi e la protezione delle infrastrutture critiche.
Stabilisce le procedure di notifica degli incidenti significativi alle autorità competenti, con tempistiche stringenti.
Regola l'adozione di schemi di certificazione per la cybersicurezza e introduce specifiche tecniche obbligatorie per i soggetti obbligati.

- *Capo V – Monitoraggio, vigilanza ed esecuzione*
Delinea i principi per le attività di vigilanza e controllo da parte delle autorità competenti.
Introduce un regime sanzionatorio più incisivo, con sanzioni amministrative e misure correttive applicabili a organizzazioni non conformi.
Stabilisce la proporzionalità degli obblighi e delle sanzioni in base al livello di rischio.

- *Capo VI – Disposizioni finali e transitorie*
Regola l'abrogazione della normativa precedente, tra cui il D.Lgs. 65/2018, e prevede un regime transitorio per consentire l'adeguamento graduale alle nuove disposizioni.
Include disposizioni finanziarie per garantire l'attuazione efficace del decreto.

Contenuti principali del D.Lgs. 138/2024

Ampliamento dell'ambito di applicazione
Il decreto estende i requisiti di sicurezza cibernetica a un numero maggiore di soggetti rispetto alla precedente normativa, includendo pubbliche amministrazioni, infrastrutture digitali, fornitori di servizi di comunicazione elettronica, e alcune PMI che operano in settori essenziali.

Obblighi di gestione del rischio
Tutti i soggetti obbligati devono adottare misure tecniche e organizzative adeguate per prevenire, rilevare e mitigare i rischi informatici.
Le organizzazioni sono tenute a implementare politiche di due diligence continua e a integrare la sicurezza cibernetica nei loro processi decisionali strategici.

Notifica degli incidenti
Il decreto prevede un sistema di notifica multilivello:
Notifica iniziale entro 24 ore dalla rilevazione dell'incidente.
Rapporto dettagliato entro 72 ore, con indicazioni su cause, impatti e misure adottate.
Follow-up per aggiornamenti significativi.

Ruolo delle autorità competenti
L'Agenzia per la cybersicurezza nazionale (ACN) svolge un ruolo centrale, con funzioni di coordinamento e supervisione.
Sono designate autorità di settore per specifici ambiti, come energia, sanità, trasporti e infrastrutture digitali.

Regime sanzionatorio e vigilanza
Le sanzioni sono proporzionate alla gravità delle violazioni e al livello di rischio associato. Per le imprese di grandi dimensioni, le multe possono raggiungere il 2% del fatturato annuo globale.
Le autorità di vigilanza hanno il potere di effettuare ispezioni e adottare misure correttive.

Cooperazione internazionale
Il decreto rafforza la collaborazione con altre nazioni europee e

con le istituzioni dell'UE, facilitando lo scambio di informazioni e il coordinamento nelle risposte a incidenti transfrontalieri.

Un approccio strategico per l'Italia
Il D.Lgs. 138/2024 non si limita a recepire la Direttiva NIS2, ma introduce un quadro normativo integrato che tiene conto delle specificità italiane. Tale approccio intende rafforzare la resilienza cibernetica del Paese, favorendo un equilibrio tra rigore normativo e flessibilità operativa. La sua attuazione pone questioni significative per le organizzazioni obbligate, ma offre anche l'opportunità di trasformare la sicurezza cibernetica in un elemento distintivo di competitività e affidabilità nel contesto digitale europeo.

Confronto con la normativa preesistente (D.Lgs. 65/2018)

Il Decreto Legislativo n. 138/2024 rappresenta un'evoluzione sostanziale rispetto al D.Lgs. 18 maggio 2018, n. 65, che aveva recepito la prima Direttiva NIS. Questo confronto evidenzia come il nuovo decreto affronti le lacune e le criticità del quadro normativo precedente, ampliando il perimetro di applicazione, rafforzando gli obblighi di sicurezza e introducendo un approccio più uniforme e armonizzato.

Ambito di applicazione

D.Lgs. 65/2018:
Limitava l'ambito di applicazione ai fornitori di servizi essenziali e ai prestatori di servizi digitali, identificati secondo criteri variabili stabiliti da ogni Stato membro.
Non includeva esplicitamente enti pubblici, né obbligava le PMI, salvo quelle coinvolte in settori considerati critici.

D.Lgs. 138/2024:
Estende il campo di applicazione a una platea più ampia di soggetti, includendo:
- *Enti pubblici*, anche di piccole dimensioni, se operano in settori

strategici.
- *Piccole e medie imprese* in settori essenziali per la sicurezza nazionale o economica.
- *Nuovi settori critici*, come l'energia, le infrastrutture digitali e i fornitori di servizi di comunicazione elettronica.

Introduce criteri uniformi per identificare i soggetti obbligati, come la regola delle soglie dimensionali, riducendo l'eterogeneità tra gli Stati membri.

Obblighi di gestione del rischio

D.Lgs. 65/2018:
Imponeva ai soggetti obbligati l'adozione di misure tecniche e organizzative adeguate per gestire i rischi cibernetici. Tuttavia, non dettagliava le specifiche tecniche né le modalità di verifica della loro attuazione.
Lasciava ampi margini discrezionali agli operatori e agli Stati membri nell'implementazione degli obblighi.

D.Lgs. 138/2024:
Rafforza gli obblighi, richiedendo un approccio più strutturato e continuo alla gestione del rischio cibernetico.
Introduce requisiti più dettagliati, tra cui:
- Certificazioni di cybersicurezza per alcune categorie di servizi e prodotti.
- L'obbligo di includere la cybersicurezza nella governance strategica delle organizzazioni.
- L'integrazione di piani di continuità operativa e di ripristino per garantire la resilienza in caso di incidenti.

Notifica degli incidenti

D.Lgs. 65/2018:
Prevedeva la notifica degli incidenti significativi entro termini non sempre chiari, con processi e criteri di valutazione variabili.
Il sistema di notifica si applicava principalmente agli operatori di servizi essenziali e digitali, senza includere obblighi per altri soggetti critici.

D.Lgs. 138/2024:
Introduce un sistema di notifica multilivello, con:
- Una notifica iniziale entro 24 ore.
- Un rapporto dettagliato entro 72 ore, con indicazioni su cause, impatti e contromisure adottate.

Estende l'obbligo di notifica agli incidenti che riguardano fornitori di servizi interconnessi e alla supply chain.
Specifica che anche gli enti pubblici e i nuovi settori critici devono notificare gli incidenti.

Ruolo delle autorità competenti

D.Lgs. 65/2018:
Designava il Ministero dello Sviluppo Economico e il Ministero dell'Interno come autorità competenti per l'attuazione e la vigilanza della normativa.
Introduceva il CSIRT Italia (Computer Security Incident Response Team) per la gestione delle emergenze informatiche, ma senza un ruolo di coordinamento pienamente centralizzato.

D.Lgs. 138/2024:
Rafforza il ruolo dell'Agenzia per la cybersicurezza nazionale (ACN), che diventa l'Autorità nazionale competente e il punto di contatto unico con le istituzioni europee.
Migliora il coordinamento tra le autorità di settore, che agiscono in sinergia con l'ACN per supervisionare i rispettivi ambiti.
Potenzia il CSIRT Italia come centro operativo per la gestione degli incidenti su scala nazionale.

Cooperazione europea e transfrontaliera

D.Lgs. 65/2018:
Istituiva una cooperazione formale attraverso il Gruppo di Cooperazione NIS e la rete CSIRT, ma senza strumenti operativi adeguati per gestire crisi transfrontaliere.

D.Lgs. 138/2024:
Rafforza la partecipazione italiana ai meccanismi europei di

cooperazione, come il Gruppo di Cooperazione NIS e la rete EU-CyCLONe.
Introduce strumenti operativi per migliorare la risposta coordinata a incidenti transfrontalieri, come la condivisione tempestiva delle informazioni e procedure comuni per la gestione delle crisi.

Regime sanzionatorio

D.Lgs. 65/2018:
Prevedeva sanzioni limitate, principalmente amministrative, con importi non sempre dissuasivi per le grandi imprese.
L'applicazione delle sanzioni era demandata alle singole autorità competenti, con differenze significative tra i vari settori.

D.Lgs. 138/2024:
Introduce un regime sanzionatorio più severo e uniforme, con:
Multe proporzionate alla gravità della violazione e al fatturato dell'organizzazione, che possono raggiungere il 2% del fatturato globale.
Sanzioni applicabili anche alle pubbliche amministrazioni.
Migliora i meccanismi di vigilanza, con poteri rafforzati per le autorità competenti, tra cui ispezioni e misure correttive immediate.

Il D.Lgs. 138/2024 segna una svolta significativa rispetto al D.Lgs. 65/2018. Supera le limitazioni della normativa precedente e introduce misure più robuste e coerenti per affrontare le sfide della cybersecurity. Il nuovo quadro normativo risponde alla necessità di una maggiore resilienza cibernetica a livello nazionale e rafforza la capacità dell'Italia di collaborare efficacemente con gli altri Stati membri dell'Unione Europea.

3. SOGGETTI OBBLIGATI E AMBITO DI APPLICAZIONE

Definizione dei soggetti essenziali e importanti

Il Decreto Legislativo 4 settembre 2024, n. 138, introduce un significativo ampliamento del perimetro dei soggetti obbligati rispetto alla normativa preesistente. Questa espansione riflette la necessità di includere nel quadro normativo settori e soggetti strategici per la resilienza economica, sociale e tecnologica dell'Italia.

Ambito di applicazione del D.Lgs. 138/2024
Il decreto disciplina gli obblighi di gestione del rischio cibernetico e notifica degli incidenti per un insieme diversificato di soggetti, classificati in due categorie principali:

Soggetti essenziali
Sono entità che forniscono servizi critici per il funzionamento della società, la salute pubblica, l'economia e la sicurezza nazionale. La interruzione o compromissione dei servizi forniti può avere un impatto significativo su ampie aree del mercato interno o sulla vita dei cittadini.

Soggetti importanti
Pur non essendo classificati come essenziali, sono comunque rilevanti per la resilienza complessiva del sistema economico e sociale. La loro compromissione potrebbe causare danni significativi, anche se di portata più circoscritta.

Questa distinzione permette di calibrare gli obblighi e le sanzioni in base al livello di rischio associato alle attività svolte dai soggetti obbligati.

Criteri di individuazione dei soggetti obbligati
La Direttiva NIS2, e di conseguenza il D.Lgs. 138/2024, supera

l'approccio discrezionale adottato in passato dagli Stati membri e introduce criteri uniformi e oggettivi per l'identificazione dei soggetti obbligati.

Tra questi:

Dimensione dell'organizzazione
Sono automaticamente inclusi i soggetti che rientrano nella definizione di medie e grandi imprese, secondo i criteri fissati dalla Raccomandazione 2003/361/CE (più di 50 dipendenti o un fatturato annuo superiore a 10 milioni di euro).

Settori di attività
I soggetti operano nei settori definiti come critici o rilevanti, elencati negli Allegati I e II del decreto.

Questi includono, tra gli altri:

- Energia (elettricità, petrolio, gas);

- Sanità (ospedali, fornitori di assistenza sanitaria);

- Trasporti (aereo, ferroviario, marittimo, stradale);

- Infrastrutture digitali (reti di comunicazione, piattaforme cloud, servizi DNS);

- Fornitori di servizi finanziari (banche, infrastrutture di mercato finanziario);

- Fornitori di acqua potabile e acque reflue;

- Pubbliche amministrazioni.

Rilevanza delle attività per il sistema economico e sociale
Alcuni soggetti, indipendentemente dalle loro dimensioni, sono inclusi nell'ambito di applicazione se operano in settori strategici o svolgono funzioni critiche, come i fornitori di servizi fiduciari o le infrastrutture di comunicazione elettronica.

Distinzione tra soggetti essenziali e importanti

Il decreto distingue chiaramente le due categorie di soggetti obbligati, specificando gli obblighi e le responsabilità.

Soggetti essenziali
Sono entità la cui interruzione o compromissione potrebbe avere impatti sistemici di grande portata.
Hanno obblighi più stringenti rispetto ai soggetti importanti, come:
- *Misure di sicurezza* più rigorose e piani dettagliati di gestione dei rischi.
- *Notifica obbligatoria* di ogni incidente significativo alle autorità competenti.
- *Monitoraggio continuo* delle minacce.
Esempi: operatori delle reti elettriche, ospedali, fornitori di infrastrutture digitali essenziali.

Soggetti importanti
Entità la cui interruzione potrebbe avere effetti rilevanti ma non sistemici.
La norma prevede obblighi di sicurezza meno onerosi rispetto ai soggetti essenziali, ma comunque significativi, come:
- Adozione di misure di gestione del rischio adeguate alla loro dimensione e settore.
- Notifica degli incidenti che potrebbero compromettere la sicurezza dei loro servizi.
Esempi: piccole infrastrutture di trasporto, società di software operanti in ambiti non critici.

Integrazione delle pubbliche amministrazioni
Una novità del D.Lgs. 138/2024 è l'inclusione esplicita delle pubbliche amministrazioni nell'ambito di applicazione. Viene adottato un approccio basato sul rischio per classificare:
- *Le pubbliche amministrazioni essenziali*, come ministeri, enti nazionali di sicurezza e grandi amministrazioni centrali.
- *Le pubbliche amministrazioni importanti*, come enti regionali, provinciali e comunali, se forniscono servizi rilevanti.

Esclusioni e deroghe
Il decreto prevede alcune esclusioni dall'ambito di applicazione per soggetti operanti in ambiti altamente specifici, come:
- Organi costituzionali;
- Istituzioni finanziarie centrali;
- Enti impegnati in attività legate alla sicurezza nazionale o alla difesa.

Obblighi principali per i soggetti obbligati

Gestione dei rischi
I soggetti obbligati devono adottare misure tecniche e organizzative adeguate per mitigare i rischi derivanti da minacce cibernetiche.

Notifica degli incidenti
Gli incidenti significativi devono essere notificati alle autorità competenti (ACN e autorità di settore) entro 24 ore dall'identificazione, con un rapporto completo entro 72 ore.

Cooperazione e condivisione delle informazioni
I soggetti obbligati devono collaborare con le autorità per la prevenzione, gestione e risposta agli incidenti.

Il D.Lgs. 138/2024 definisce un sistema più inclusivo e armonizzato per l'identificazione dei soggetti obbligati, garantendo che tutte le entità critiche e importanti adottino misure adeguate per prevenire e mitigare i rischi cibernetici. Questo approccio contribuisce a rafforzare il sistema italiano, garantendo una protezione più efficace delle infrastrutture strategiche e una maggiore sicurezza per cittadini e imprese.

Ruolo delle pubbliche amministrazioni e delle imprese private

Il Decreto Legislativo 4 settembre 2024, n. 138, attribuisce ruoli specifici e obblighi diversificati alle pubbliche amministrazioni e alle imprese private. Questo riconoscimento deriva dall'importanza strategica di entrambi i settori nella resilienza complessiva del sistema cibernetico nazionale.

Ruolo delle pubbliche amministrazioni

Le pubbliche amministrazioni sono incluse esplicitamente tra i soggetti obbligati dal decreto, riflettendo l'interdipendenza tra il settore pubblico e privato nella gestione della sicurezza delle infrastrutture critiche. L'inclusione risponde all'obiettivo di rafforzare la protezione dei servizi pubblici essenziali, come sanità, energia, acqua e trasporti, e di prevenire eventuali vulnerabilità sistemiche.

Categorizzazione delle pubbliche amministrazioni

Pubbliche amministrazioni essenziali
Comprendono ministeri, enti centrali, agenzie nazionali e altri organismi che svolgono funzioni critiche.
La interruzione della loro attività potrebbe causare effetti sistemici rilevanti su scala nazionale.
Sono previsti obblighi più stringenti, quali:
Notifica tempestiva degli incidenti.
Adozione di piani di gestione dei rischi specifici.
Collaborazione diretta con l'Agenzia per la cybersicurezza nazionale (ACN).

Pubbliche amministrazioni importanti
Rientrano in questa categoria le regioni, le province autonome, i comuni capoluogo e altri enti locali con rilevanza strategica limitata ma significativa.
Sono soggette a obblighi proporzionati al loro livello di rischio e all'ambito di attività.

Obblighi delle pubbliche amministrazioni

Adozione di misure di gestione del rischio
Ogni pubblica amministrazione è tenuta a implementare politiche di sicurezza adeguate per la protezione dei propri sistemi informativi e delle infrastrutture digitali.

Notifica degli incidenti
Le amministrazioni devono notificare tempestivamente eventuali incidenti di sicurezza informatica alle autorità competenti. La mancata comunicazione può esporre gli enti a sanzioni amministrative.

Collaborazione con l'ACN
L'Agenzia per la cybersicurezza nazionale funge da coordinatore centrale per la gestione delle crisi informatiche che coinvolgono le pubbliche amministrazioni. Tale ruolo include:
- Condivisione di informazioni su vulnerabilità e minacce.
- Partecipazione a simulazioni ed esercitazioni di crisi.

Questioni aperte per le pubbliche amministrazioni
La complessità tecnologica e la carenza di risorse adeguate in alcune amministrazioni, soprattutto a livello locale, rappresentano ostacoli alla piena implementazione degli obblighi. Il decreto promuove la creazione di strumenti di supporto tecnico e formativo per favorire l'adeguamento.

Ruolo delle imprese private
Le imprese private sono il fulcro dell'economia digitale e detengono una quota significativa delle infrastrutture critiche e dei servizi essenziali. Il decreto riconosce la loro centralità e li classifica in:

- *Soggetti essenziali*: grandi imprese che operano in settori come energia, trasporti, sanità e infrastrutture digitali.

- *Soggetti importanti*: imprese di minori dimensioni o rilevanza strategica, ma comunque significative per la resilienza complessiva.

Obblighi delle imprese private
Misure di gestione del rischio:
Le imprese devono adottare misure tecniche e organizzative per mitigare i rischi cibernetici, tra cui:

Controlli di accesso
Sistemi di rilevamento delle intrusioni.
Piani di continuità operativa e ripristino.

Notifica degli incidenti
Le imprese sono obbligate a notificare gli incidenti significativi alle autorità competenti entro 24 ore dalla rilevazione, con un rapporto dettagliato entro 72 ore.

Adozione di standard di certificazione
I soggetti che forniscono servizi essenziali devono utilizzare tecnologie certificate secondo schemi riconosciuti dall'Unione Europea, garantendo la sicurezza lungo tutta la supply chain.

Collaborazione tra imprese e autorità
Le imprese private sono incoraggiate a collaborare con le autorità di vigilanza, partecipando attivamente alla condivisione di informazioni sulle minacce cibernetiche e alle iniziative di prevenzione.

Questioni aperte per le imprese private

- *PMI*: Per le piccole e medie imprese, l'adeguamento alle normative potrebbe risultare oneroso, sia in termini finanziari che di competenze tecniche.

- *Multinazionali*: Per le imprese che operano su scala transfrontaliera, il coordinamento con le normative di più Stati membri può aumentare la complessità gestionale.
Interazione tra settore pubblico e privato

Il decreto sottolinea la necessità di una stretta collaborazione tra pubbliche amministrazioni e imprese private per garantire un approccio integrato alla sicurezza cibernetica. Questa interazione è essenziale per:

- *Proteggere le infrastrutture critiche*: molte delle quali sono gestite da attori privati per conto delle amministrazioni pubbliche.

- *Favorire la condivisione delle informazioni*: sia in ambito nazionale che europeo.

- *Coordinare le risposte agli incidenti*: attraverso l'ACN e i meccanismi di cooperazione previsti dalla Direttiva NIS2.

Le pubbliche amministrazioni e le imprese private rivestono un ruolo complementare nella sicurezza cibernetica nazionale. Mentre le amministrazioni pubbliche devono garantire la sicurezza dei servizi essenziali e della governance digitale, le imprese private contribuiscono con le loro competenze tecnologiche e la gestione diretta delle infrastrutture critiche. Il D.Lgs. 138/2024 crea un quadro normativo nel cui ambito entrambi i settori sono incentivati a collaborare per costruire un sistema più resiliente, sostenendo la transizione verso un ecosistema digitale sicuro e affidabile.

Inclusione delle PMI e criteri dimensionali

Il Decreto Legislativo n. 138 introduce un significativo ampliamento del perimetro dei soggetti obbligati, includendo non solo le grandi imprese e le pubbliche amministrazioni, ma anche le piccole e medie imprese (PMI) che operano in settori strategici. Si tratta di un cambio di paradigma rispetto alla normativa precedente, che riconosce il ruolo delle PMI nella resilienza cibernetica nazionale e nella protezione delle infrastrutture critiche.

Criteri dimensionali e inclusione automatica
Uno degli elementi innovativi del D.Lgs. 138/2024 è l'introduzione di criteri dimensionali uniformi, basati sulla raccomandazione 2003/361/CE della Commissione Europea, che distingue le imprese in base a:

Numero di dipendenti:
Microimpresa: meno di 10 dipendenti.
Piccola impresa: da 10 a 49 dipendenti.

Media impresa: da 50 a 249 dipendenti.
Grande impresa: 250 o più dipendenti.

Fatturato o bilancio annuo:
Piccole imprese: fatturato inferiore a 10 milioni di euro.
Medie imprese: fatturato compreso tra 10 e 50 milioni di euro.

In base a questi criteri, tutte le medie e grandi imprese che operano in settori essenziali o importanti (allegati I e II del decreto) sono automaticamente incluse tra i soggetti obbligati.

Inclusione delle PMI nei settori strategici
Pur escludendo generalmente le micro e piccole imprese, il decreto prevede la loro inclusione in casi specifici, se operano in settori considerati critici per la sicurezza cibernetica o la resilienza nazionale. Questo approccio, definito "proporzionato", tiene conto della potenziale rilevanza strategica di alcune PMI indipendentemente dalla loro dimensione.

Settori in cui le PMI possono essere incluse:

Servizi essenziali
Fornitori di infrastrutture critiche per energia, trasporti, sanità e acqua.
Servizi finanziari, come fintech e piccoli operatori di mercato rilevanti.

Infrastrutture digitali
Fornitori di piattaforme cloud o di servizi digitali che supportano altri soggetti essenziali.
Operatori di servizi di comunicazione elettronica.

Supply chain critica
PMI che svolgono un ruolo strategico nella catena di approvvigionamento di soggetti obbligati, come fornitori di hardware o software chiave.

Imprese innovative
Start-up tecnologiche e PMI che sviluppano tecnologie avanzate,

come soluzioni di intelligenza artificiale o blockchain, con potenziale impatto sul mercato o sui servizi critici.

Obblighi per le PMI incluse
Le PMI incluse nell'ambito di applicazione del decreto devono conformarsi agli obblighi di gestione del rischio e di notifica degli incidenti, sebbene con un livello di proporzionalità rispetto alla loro dimensione e al rischio associato.

Gli obblighi includono:

Adozione di misure tecniche e organizzative
Le PMI devono implementare politiche di gestione del rischio proporzionate alla loro complessità, come:
Firewall e sistemi di prevenzione delle intrusioni.
Backup sicuri e aggiornati.
Formazione del personale sulla sicurezza cibernetica.

Notifica degli incidenti significativi
Le PMI devono segnalare alle autorità competenti gli incidenti che compromettano la sicurezza dei loro servizi, secondo le tempistiche previste (notifica iniziale entro 24 ore).

Conformità a standard di certificazione
Le PMI possono essere richieste di adottare tecnologie certificate per la cybersicurezza, contribuendo alla sicurezza dell'intero ecosistema digitale.

Vantaggi e sfide per le PMI

Vantaggi:

Maggiore protezione e competitività
L'adozione di misure di sicurezza avanzate può ridurre i rischi cibernetici e migliorare la fiducia di clienti e partner commerciali.

Integrazione nelle supply chain critiche
Le PMI più sicure e certificate diventano partner privilegiati per grandi imprese e amministrazioni pubbliche.

Accesso a risorse e supporto tecnico
Il decreto prevede la possibilità di supporto tecnico e finanziario per aiutare le PMI ad adeguarsi, inclusi programmi formativi e incentivi per la certificazione.

Sfide:

Oneri finanziari e organizzativi
Le PMI potrebbero percepire gli obblighi come un costo significativo, soprattutto in assenza di personale dedicato alla sicurezza IT.

Mancanza di competenze tecniche
La carenza di esperti in cybersicurezza è particolarmente acuta nelle imprese più piccole, che potrebbero faticare a rispettare i requisiti tecnici.

Coordinamento transfrontaliero
Per le PMI che operano in più Stati membri, la necessità di conformarsi a normative multiple potrebbe aumentare la complessità.

Misure di supporto previste dal D.Lgs. 138/2024
Per facilitare l'adeguamento delle PMI, il decreto prevede:

Assistenza tecnica
L'Agenzia per la cybersicurezza nazionale (ACN) offre linee guida specifiche e supporto operativo per le PMI.

Incentivi finanziari
Sono previsti fondi dedicati alla formazione, alla certificazione e all'adozione di tecnologie sicure.

Collaborazione pubblico-privato
Le PMI possono beneficiare di partnership con le grandi imprese e con le autorità competenti per migliorare la loro resilienza.

L'inclusione delle PMI nel perimetro di applicazione del D.Lgs. 138/2024 rappresenta un passo fondamentale per garantire un approccio sistemico alla sicurezza cibernetica in Italia. Sebbene l'impatto normativo possa inizialmente rappresentare un onere, le misure previste mirano a trasformare la conformità in un'opportunità per migliorare la resilienza e la competitività delle PMI nel contesto digitale europeo. La loro protezione e integrazione nelle filiere critiche costituiscono un tassello essenziale per la sicurezza complessiva del sistema economico e sociale.

4. DUE DILIGENCE E OBBLIGHI DI GESTIONE DEI RISCHI CIBERNETICI

Approccio sistemico alla gestione del rischio

Il Decreto Legislativo n. 138/2024 pone al centro della regolamentazione la gestione del rischio cibernetico, rendendola un elemento cardine per garantire la resilienza delle infrastrutture critiche e dei servizi essenziali. L'approccio sistemico alla gestione del rischio richiesto dal decreto integra misure tecniche, organizzative e procedurali in un ciclo continuo di analisi, prevenzione e risposta, che coinvolge tutte le aree strategiche delle organizzazioni pubbliche e private.

Un approccio sistemico alla gestione del rischio cibernetico implica processi coordinati e integrati che mirano a identificare, valutare e mitigare i rischi informatici in modo proattivo.

Questo approccio si articola in diverse fasi:

Identificazione e analisi dei rischi

La prima fase consiste nell'identificazione delle vulnerabilità, delle minacce e dei rischi potenziali associati ai sistemi informativi e alle infrastrutture critiche. Gli obblighi previsti dal decreto includono:

Mappatura delle risorse critiche: identificazione di sistemi, dati e infrastrutture essenziali per il funzionamento dell'organizzazione.

Valutazione delle minacce: analisi delle minacce esterne (ad esempio, attacchi ransomware o phishing) e interne (errori umani, uso improprio delle risorse).

Valutazione dell'impatto: stima dei potenziali danni economici, reputazionali e operativi derivanti da eventuali incidenti.

Adozione di misure tecniche e organizzative

Le organizzazioni sono tenute a implementare misure adeguate per prevenire e mitigare i rischi, proporzionate alla loro dimensione e al livello di criticità dei servizi offerti. Queste misure comprendono:

Controlli di sicurezza perimetrale
Utilizzo di firewall avanzati, sistemi di prevenzione delle intrusioni (IPS) e segmentazione delle reti.

Protezione dei dati
Applicazione di tecniche di crittografia per proteggere i dati sensibili e di backup sicuri per garantire il ripristino in caso di attacco.

Sistemi di rilevamento e risposta
Monitoraggio continuo delle attività di rete tramite Security Information and Event Management (SIEM) per individuare anomalie e potenziali minacce.

Politiche organizzative
Procedure per l'assegnazione dei privilegi di accesso (principio del privilegio minimo).
Formazione periodica dei dipendenti sulla consapevolezza dei rischi cibernetici.

Gestione della continuità operativa

Un elemento centrale dell'approccio sistemico è la capacità delle organizzazioni di garantire la continuità dei servizi essenziali, anche in caso di incidenti informatici. Questo include:

Piani di continuità operativa: definizione di strategie per mantenere attive le operazioni critiche durante e dopo un incidente.

Piani di ripristino dei sistemi: procedure dettagliate per il recupero rapido delle funzionalità compromesse.

Monitoraggio e revisione continua
La gestione del rischio non si esaurisce nell'implementazione iniziale delle misure. Il decreto richiede una revisione continua dei processi e delle misure di sicurezza per adattarsi all'evoluzione delle minacce. Questo include:

Audit periodici: verifica delle politiche e delle procedure di sicurezza adottate.

Test di vulnerabilità: simulazioni di attacchi per identificare potenziali falle nei sistemi.

Aggiornamento delle misure: adeguamento delle politiche e delle tecnologie alla luce delle nuove minacce e degli sviluppi normativi.

Due Diligence nella gestione del rischio

La due diligence imposta dal D.Lgs. n. 138/2024 si configura come un obbligo specifico per le organizzazioni di adottare un approccio metodico e sistematico nella gestione del rischio cibernetico. Ciò implica:

Integrazione nei processi decisionali
La gestione del rischio deve essere parte integrante delle strategie organizzative, con il coinvolgimento diretto degli organi amministrativi e direttivi.

Coinvolgimento delle risorse interne ed esterne
Le organizzazioni devono garantire la formazione continua del personale per accrescere la consapevolezza dei rischi.
È incoraggiata la collaborazione con fornitori e partner per garantire la sicurezza lungo tutta la supply chain.

Adozione di standard riconosciuti
Le misure di gestione del rischio devono essere allineate agli standard internazionali, come ISO/IEC 27001, per assicurare

l'efficacia delle soluzioni adottate.

Impatto dell'approccio sistemico
L'adozione di un approccio sistemico alla gestione del rischio produce vantaggi significativi, tra cui:

Riduzione delle vulnerabilità: identificando e mitigando i punti deboli nei sistemi e nei processi.

Maggiore resilienza: capacità di riprendersi rapidamente da incidenti e minimizzare i danni.

Conformità normativa: rispetto degli obblighi previsti dal decreto, evitando sanzioni e migliorando la reputazione dell'organizzazione.

L'approccio sistemico alla gestione del rischio, imposto dal D.Lgs. n. 138/2024, rappresenta un pilastro della resilienza cibernetica in Italia. La combinazione di due diligence, adozione di misure tecniche e organizzative e monitoraggio continuo consente alle organizzazioni di prevenire, gestire e mitigare i rischi cibernetici, proteggendo le infrastrutture critiche e garantendo la sicurezza e la fiducia nel contesto digitale.

Misure tecniche e organizzative richieste

Il Decreto Legislativo n. 138/2024 introduce obblighi specifici per i soggetti essenziali e importanti in relazione all'adozione di misure tecniche e organizzative finalizzate alla prevenzione, mitigazione e gestione dei rischi cibernetici. Queste misure si basano su principi di proporzionalità e adeguatezza rispetto alla dimensione dell'organizzazione, alla complessità delle sue attività e al livello di criticità dei servizi offerti.

Misure tecniche
Le misure tecniche costituiscono il fondamento della protezione dei sistemi informativi e delle infrastrutture critiche. Il decreto richiede l'adozione di tecnologie avanzate e standardizzate per

garantire la sicurezza dei dati, la continuità operativa e la resilienza alle minacce informatiche.

Tra le principali misure tecniche troviamo:

Sicurezza perimetrale
Firewall e sistemi di prevenzione delle intrusioni (IPS): protezione dei confini della rete da accessi non autorizzati e monitoraggio continuo del traffico.
Segmentazione della rete: separazione delle reti interne per limitare la propagazione di eventuali attacchi.

Monitoraggio e rilevamento
Sistemi di rilevamento delle intrusioni (IDS): individuazione di attività sospette o anomale.
SIEM (Security Information and Event Management): analisi e gestione in tempo reale dei log di sicurezza per identificare potenziali minacce.

Protezione dei dati
Crittografia: utilizzo di algoritmi per proteggere i dati sia in transito sia a riposo.
Backup sicuri e aggiornati: implementazione di strategie di backup regolari e sicuri per garantire la recuperabilità dei dati.
Controlli di accesso basati su ruoli (RBAC): limitazione degli accessi ai dati sensibili in base alle necessità operative.

Resilienza della supply chain
Valutazione della sicurezza dei fornitori: verifica che i partner commerciali e tecnologici rispettino standard di sicurezza adeguati.
Contratti di fornitura vincolanti: inclusione di clausole che obblighino i fornitori a garantire la sicurezza delle loro soluzioni.

Gestione delle vulnerabilità
Patch management: aggiornamento regolare dei sistemi per correggere vulnerabilità note.
Penetration testing: simulazioni di attacchi per valutare la

robustezza dei sistemi e identificare eventuali punti deboli.

Misure organizzative

Le misure organizzative sono volte a integrare la sicurezza cibernetica nei processi decisionali e operativi delle organizzazioni. Enfatizzano la necessità di un approccio olistico e strategico alla gestione dei rischi.

Governance della sicurezza

Responsabilità del management: il decreto impone agli organi amministrativi e direttivi di garantire l'adozione e il monitoraggio delle politiche di sicurezza.
Ciò prevede la nomina di un responsabile della sicurezza cibernetica, con competenze specifiche e potere decisionale.

Formazione e sensibilizzazione

Programmi di formazione periodica: per tutto il personale, con particolare attenzione ai dipendenti che hanno accesso a sistemi critici.
Campagne di sensibilizzazione: promozione di una cultura aziendale attenta alla sicurezza cibernetica.

Politiche di gestione degli accessi

Principio del privilegio minimo: garantire che i dipendenti abbiano accesso solo alle risorse necessarie per svolgere le proprie mansioni.
Autenticazione a più fattori (MFA): implementazione di meccanismi di autenticazione robusti per prevenire accessi non autorizzati.

Pianificazione della continuità operativa

Piani di continuità operativa (BCP): sviluppo di strategie per garantire il funzionamento dei servizi critici anche in caso di incidenti.
Piani di disaster recovery (DRP): procedure per il ripristino rapido delle operazioni compromesse.

Gestione degli incidenti

Incident Response Team (IRT): formazione di squadre dedicate alla gestione degli incidenti di sicurezza informatica.
Procedure di notifica e risposta: definizione di protocolli per notificare gli incidenti alle autorità competenti e agli stakeholder.

Obbligo di certificazione e standardizzazione
Il decreto promuove l'adozione di standard di sicurezza riconosciuti a livello internazionale, come:
- ISO/IEC 27001: gestione della sicurezza delle informazioni.
- ENISA Cybersecurity Certification Framework: certificazione della conformità dei prodotti, servizi e processi ai requisiti di cybersicurezza.

I soggetti obbligati devono garantire che le tecnologie e i processi utilizzati rispettino tali standard e, ove applicabile, ottenere certificazioni specifiche per dimostrare la conformità.

Monitoraggio e revisione continua
La sicurezza cibernetica non può essere considerata statica. Il decreto richiede:
- Audit periodici: verifica delle politiche e delle misure implementate.
- Aggiornamenti regolari: revisione delle strategie di sicurezza in base all'evoluzione delle minacce.
- Reportistica continua: comunicazione periodica alle autorità competenti sull'efficacia delle misure adottate.

Le misure tecniche e organizzative richieste dal D.Lgs. 138/2024 rappresentano un quadro integrato per la protezione delle infrastrutture critiche e dei servizi essenziali. Attraverso l'implementazione di queste misure, le organizzazioni pubbliche e private possono non solo rispettare gli obblighi normativi, ma anche rafforzare la propria resilienza e la fiducia degli utenti, promuovendo un ecosistema digitale più sicuro e sostenibile.

Certificazioni di sicurezza e schemi previsti

Il Decreto riconosce l'importanza delle certificazioni di sicurezza informatica come strumento per garantire la conformità delle infrastrutture, dei servizi e dei prodotti agli standard minimi di sicurezza. Attraverso l'adozione di schemi certificativi armonizzati, il decreto mira a rafforzare la fiducia nel mercato digitale e a promuovere un approccio uniforme alla sicurezza cibernetica in tutta l'Unione Europea.

Obbligatorietà e ruolo delle certificazioni di sicurezza
Le certificazioni di sicurezza rappresentano un elemento essenziale per:

- Dimostrare la conformità alle normative in materia di gestione dei rischi cibernetici.

- Garantire l'affidabilità dei prodotti, servizi e processi ICT utilizzati da soggetti obbligati.

- Facilitare la fiducia nelle relazioni tra le organizzazioni e i loro partner commerciali, nonché nei confronti dei consumatori.

Il decreto prevede:

- Obbligo di certificazione per alcuni settori critici e per i soggetti essenziali e importanti, in base al livello di rischio associato alle loro attività.

- Incentivazione delle certificazioni volontarie, anche per i soggetti non obbligati, come strumento di competitività sul mercato.

Schemi di certificazione previsti
Gli schemi certificativi promossi dal decreto si basano su standard internazionali e su framework sviluppati dall'Agenzia dell'Unione Europea per la Cybersecurity (ENISA). I principali schemi includono:

ENISA Cybersecurity Certification Framework
Introdotto dal Cybersecurity Act (Regolamento (UE) 2019/881), questo framework mira a fornire uno standard unico per la

certificazione di prodotti, servizi e processi ICT nell'UE.

Livelli di certificazione:
Base: garanzie essenziali per i prodotti a basso rischio.
Sostanziale: livello intermedio per sistemi con maggiore esposizione ai rischi.
Elevato: certificazione avanzata per infrastrutture critiche e applicazioni sensibili.
I soggetti obbligati possono utilizzare questo schema per certificare la sicurezza delle proprie soluzioni ICT.

ISO/IEC 27001 e ISO/IEC 27701
Standard internazionali per la gestione della sicurezza delle informazioni:
ISO/IEC 27001: fornisce un framework per stabilire, implementare, mantenere e migliorare un sistema di gestione della sicurezza delle informazioni (ISMS).
ISO/IEC 27701: estensione per la gestione della privacy delle informazioni, in linea con il GDPR.
Il decreto raccomanda l'adozione di questi standard per garantire la protezione dei dati e delle reti.

Schemi nazionali e settoriali
L'Agenzia per la cybersicurezza nazionale, in coordinamento con le autorità di settore, è responsabile dello sviluppo di schemi certificativi specifici per i contesti nazionali, in particolare per:
- Settori critici come energia, trasporti e sanità.
- PMI operanti in ambiti rilevanti, che possono avvalersi di schemi semplificati per agevolare la certificazione.

Certificazioni di prodotto e supply chain
Il decreto incoraggia la certificazione di prodotti ICT e dei fornitori lungo la supply chain digitale, per garantire la sicurezza end-to-end. Tra queste:

- Certificazioni di sicurezza per hardware e software utilizzati nei sistemi critici.

- Verifiche sui fornitori per garantire la conformità ai requisiti normativi.

Integrazione con il contesto normativo europeo

Il D.Lgs. 138/2024 armonizza i requisiti di certificazione con le normative europee, assicurando che i certificati rilasciati in Italia siano riconosciuti in tutti gli Stati membri. Ciò contribuisce a:

- Rimuovere barriere al mercato interno: favorendo la libera circolazione di prodotti e servizi certificati.

- Evitare duplicazioni e costi aggiuntivi: le organizzazioni possono utilizzare certificazioni valide a livello europeo, senza dover soddisfare requisiti diversi in ogni Stato membro.

Adempimenti specifici per i soggetti obbligati

I soggetti obbligati sono tenuti a:

- Identificare i requisiti di certificazione: in base al livello di rischio delle proprie attività e ai settori di appartenenza.

- Ottenere certificazioni riconosciute: per i prodotti, i servizi e i processi critici.

- Monitorare la conformità continua: assicurandosi che le certificazioni siano mantenute aggiornate e valide nel tempo.

Vantaggi delle certificazioni

L'adozione di certificazioni di sicurezza comporta diversi benefici per le organizzazioni:

Conformità normativa: dimostrano il rispetto dei requisiti imposti dal decreto e riducono il rischio di sanzioni.

Maggiore fiducia: aumentano la credibilità e l'affidabilità nei confronti di clienti, partner e autorità.

Accesso ai mercati: facilitano la partecipazione a bandi pubblici e la collaborazione con imprese che richiedono fornitori certificati.

Riduzione dei rischi: l'adesione agli standard certificativi aiuta a prevenire incidenti e a mitigare le conseguenze di eventuali attacchi.

Difficoltà nell'implementazione
Nonostante i vantaggi, l'adozione di certificazioni può comportare alcune difficoltà, tra cui:

Costi elevati: le certificazioni possono essere onerose, specialmente per le PMI.

Carenza di competenze: molte organizzazioni potrebbero non disporre di personale qualificato per implementare i requisiti richiesti.

Mantenimento delle certificazioni: il rispetto dei requisiti deve essere monitorato e aggiornato costantemente.

Le certificazioni di sicurezza previste dal D.Lgs. 138/2024 rappresentano uno strumento essenziale per garantire la conformità normativa, migliorare la sicurezza cibernetica e rafforzare la fiducia nel mercato digitale. Attraverso l'adozione di schemi certificativi armonizzati e riconosciuti a livello europeo, le organizzazioni possono non solo mitigare i rischi, ma anche trarre vantaggio competitivo, contribuendo a un ecosistema digitale più sicuro e resiliente.

5. NOTIFICA DEGLI INCIDENTI DI SICUREZZA

Tempistiche e procedure di notifica

Il Decreto n. 138/2024 introduce un quadro normativo dettagliato per la notifica degli incidenti di sicurezza cibernetica. La procedura obbligatoria mira a garantire una risposta tempestiva ed efficace agli incidenti, mitigandone gli effetti e migliorando la resilienza complessiva del sistema.

Obbligo di notifica degli incidenti
Gli incidenti di sicurezza che devono essere notificati sono definiti come eventi che:

- Compromettono la disponibilità, l'integrità, la riservatezza o l'autenticità dei dati o dei servizi forniti.

- Hanno un impatto significativo sulla continuità o sulla qualità dei servizi essenziali o importanti.

Il decreto impone l'obbligo di notifica a tutti i soggetti obbligati, siano essi essenziali o importanti, includendo:

Pubbliche amministrazioni.

Infrastrutture critiche.

Imprese private, comprese le PMI operanti in settori strategici.

Tempistiche di notifica
Il decreto prevede una procedura di notifica strutturata in tre fasi, con tempistiche stringenti per garantire una risposta rapida:

Notifica iniziale (entro 24 ore)
Deve essere trasmessa entro 24 ore dall'identificazione dell'incidente.
Include informazioni preliminari sull'evento, come:

- Tipo di incidente.
- Data e ora di rilevazione.
- Impatti iniziali stimati.
- Misure temporanee adottate.

L'obiettivo della notifica iniziale è fornire alle autorità competenti un quadro tempestivo dell'incidente, consentendo di attivare eventuali misure di supporto o intervento.

Rapporto intermedio (entro 72 ore)
Deve essere trasmesso entro 72 ore dalla notifica iniziale, fornendo un'analisi più dettagliata dell'incidente.
Contiene:
- La descrizione completa dell'evento.
- L'identificazione delle cause.
- L'impatto sui servizi e sui dati.
- Le azioni correttive adottate fino a quel momento.
- Il rapporto intermedio serve a fornire una visione più completa dell'incidente e delle sue conseguenze, consentendo un monitoraggio efficace della situazione.

Rapporto finale (a chiusura dell'incidente)
Deve essere inviato al termine della gestione dell'incidente, indicando:
- Le misure definitive adottate per risolvere il problema.
- Le lezioni apprese e le azioni preventive per evitare il ripetersi dell'evento.
- Una valutazione finale dell'impatto dell'incidente.

Autorità competenti per la notifica
Le notifiche devono essere trasmesse alle seguenti autorità:

Agenzia per la cybersicurezza nazionale (ACN)
Punto di contatto unico per la gestione degli incidenti cibernetici. Coordina la risposta agli incidenti su scala nazionale.

Autorità di settore
Supervisori specifici per i diversi ambiti critici (energia, sanità,

trasporti, ecc.).

Le autorità competenti possono richiedere ulteriori informazioni o prescrivere misure correttive aggiuntive, se necessario.

Strumenti per la notifica
Il decreto richiede che i soggetti obbligati utilizzino strumenti standardizzati per la trasmissione delle notifiche, come:

- Piattaforme digitali sicure messe a disposizione dall'ACN per la raccolta e la gestione delle notifiche.

- Formati di reportistica armonizzati a livello europeo, per facilitare la cooperazione transfrontaliera.

Valutazione dell'impatto
Non tutti gli incidenti richiedono notifica. Il decreto stabilisce che la segnalazione sia obbligatoria solo per gli incidenti con impatto significativo. La rilevanza dell'impatto deve essere determinata in base a:

Durata dell'interruzione: tempo in cui il servizio essenziale o importante è stato compromesso.

Portata dell'incidente: numero di utenti, clienti o sistemi coinvolti.

Gravità del danno: economico, reputazionale o sociale.

Effetti transfrontalieri: potenziali impatti in altri Stati membri dell'UE.

Protezione della riservatezza e obblighi di trasparenza
Il decreto bilancia la necessità di notificare gli incidenti con la protezione della reputazione e della riservatezza delle organizzazioni coinvolte. Per questo motivo:

- Le informazioni condivise sono trattate in modo riservato dalle autorità competenti.

- È richiesto alle organizzazioni di informare anche i clienti o gli utenti, se l'incidente può avere conseguenze dirette per loro (ad esempio, in caso di violazioni di dati personali).

Conseguenze della mancata notifica
La mancata o tardiva notifica di un incidente significativo comporta sanzioni amministrative, il cui importo varia in base alla gravità della violazione:

Per soggetti essenziali: sanzioni fino al 2% del fatturato globale annuo.

Per soggetti importanti: sanzioni proporzionate alla dimensione e all'impatto dell'organizzazione.

Il sistema di notifica degli incidenti previsto dal D.Lgs. 138/2024 rappresenta uno strumento centrale per garantire la resilienza del sistema cibernetico nazionale. Attraverso procedure standardizzate e tempistiche rigorose, il decreto favorisce una gestione più efficiente e coordinata degli incidenti di sicurezza, tende a minimizzare gli impatti e promuove una maggiore fiducia nelle infrastrutture critiche e nei servizi digitali.

Tipologie di incidenti rilevanti
Nel quadro del Decreto, gli incidenti rilevanti sono definiti come eventi che compromettono la disponibilità, l'integrità, la riservatezza o l'autenticità di dati, sistemi o servizi essenziali. Per essere considerati rilevanti, gli incidenti devono avere un impatto significativo sul funzionamento dei servizi critici o sull'operatività delle organizzazioni obbligate.

Criteri di rilevanza
Gli incidenti sono considerati rilevanti quando soddisfano uno o più dei seguenti criteri:

Impatto operativo significativo: interruzioni che compromettano la continuità di servizi essenziali o importanti.

Effetti su vasta scala: coinvolgimento di un numero significativo di utenti o di infrastrutture interconnesse.

Conseguenze transfrontaliere: ripercussioni in altri Stati membri dell'UE o su catene di fornitura internazionali.

Gravità delle minacce: eventi che utilizzano tecniche avanzate o che mirano a infrastrutture critiche.

Violazione di dati sensibili: compromissione della riservatezza o dell'integrità di informazioni personali o aziendali strategiche.

Principali tipologie di incidenti rilevanti

Interruzione dei servizi

Attacchi DDoS (Distributed Denial of Service): sovraccarico intenzionale dei sistemi per rendere un servizio non disponibile. Tipico per piattaforme digitali, reti di comunicazione e fornitori di infrastrutture.

Guasti tecnici o software malfunzionante: errori nei sistemi critici che causano l'interruzione dei servizi essenziali.

Compromissione della sicurezza dei dati

Violazioni di dati (data breach): accesso, modifica o furto non autorizzato di dati personali, sensibili o strategici.
Incidenti che coinvolgono grandi volumi di dati, come quelli sanitari o finanziari.

Perdita di dati (data loss): danni o distruzione irreversibile di dati essenziali per l'operatività.

Attacchi informatici diretti

Ransomware: cifratura di dati o sistemi con richiesta di riscatto per il ripristino. Sempre più diffuso, soprattutto contro organizzazioni sanitarie, pubbliche amministrazioni e infrastrutture critiche.

Phishing avanzato e spear phishing: tecniche di ingegneria sociale mirate per sottrarre credenziali di accesso o dati sensibili.

Attacchi alla supply chain: compromissione di un fornitore per colpire indirettamente un'organizzazione target.

Compromissione delle infrastrutture critiche

Attacchi a sistemi SCADA e ICS: sistemi di controllo industriale utilizzati in settori come energia, trasporti e produzione. Questi attacchi possono provocare interruzioni significative nelle reti di distribuzione o nei processi produttivi.

Manipolazione delle reti di comunicazione: attacchi che mirano a interferire con la trasmissione di dati nelle reti di telecomunicazione o nei servizi internet.

Minacce alla supply chain digitale

Vulnerabilità zero-day: exploit di falle non conosciute in software o hardware utilizzati da più organizzazioni.

Compromissione di fornitori di servizi cloud o software gestiti: interruzioni che colpiscono una pluralità di clienti attraverso un unico punto vulnerabile.

Accesso non autorizzato e insider threat

Intrusioni nei sistemi: accesso illecito a reti o database aziendali da parte di attori esterni o interni.

Minacce interne: errori intenzionali o accidentali da parte di dipendenti che compromettono la sicurezza.

Minacce fisiche e ambientali

Danni fisici alle infrastrutture: eventi che compromettono direttamente hardware o reti (es. sabotaggi o incendi).

Catastrofi naturali: eventi come alluvioni o terremoti che colpiscono i data center o le reti di distribuzione.

Impatto settoriale

Ogni settore critico può essere interessato da incidenti con caratteristiche specifiche:

Energia: blackout causati da attacchi a sistemi SCADA.

Sanità: ransomware che colpisce ospedali, bloccando l'accesso a cartelle cliniche elettroniche.

Trasporti: compromissione di sistemi di gestione del traffico o controllo aereo.

Infrastrutture digitali: attacchi DDoS su larga scala che interrompono servizi di comunicazione o cloud.

Notifica degli incidenti rilevanti
Gli incidenti rilevanti devono essere notificati alle autorità competenti secondo il protocollo già richiamato:

- Notifica iniziale entro 24 ore dall'identificazione dell'incidente.

- Rapporto intermedio entro 72 ore con informazioni più dettagliate.

- Rapporto finale al termine della gestione dell'incidente.

Le notifiche devono includere dettagli sulle tipologie di incidente, la valutazione dell'impatto e le misure adottate per il contenimento. La definizione delle tipologie di incidenti rilevanti nel D.Lgs. 138/2024 riflette la necessità di un approccio mirato alla protezione delle infrastrutture critiche e dei servizi essenziali. La comprensione e la gestione efficace di queste tipologie consente di minimizzare i rischi, garantendo la resilienza e la continuità operativa nel contesto digitale.

Ruolo dell'Agenzia per la cybersicurezza nazionale (ACN)

Nell'ambito del Decreto, l'Agenzia per la cybersicurezza nazionale (ACN) è designata come l'autorità centrale per l'attuazione della Direttiva (UE) 2022/2555 (NIS2) in Italia. L'Agenzia assume un ruolo strategico e operativo nella protezione delle infrastrutture critiche, nel coordinamento delle attività di sicurezza cibernetica e nella gestione delle emergenze informatiche su scala nazionale.

Attribuzioni principali dell'ACN

L'ACN è designata come:
Autorità nazionale competente per l'attuazione delle misure previste dal D.Lgs. 138/2024.

Punto di contatto unico per la cooperazione con le istituzioni europee e con gli altri Stati membri dell'UE.

Questo ruolo implica:

La *supervisione* e il *coordinamento* delle attività degli altri soggetti coinvolti nella gestione della sicurezza cibernetica.

La *partecipazione attiva* al Gruppo di Cooperazione NIS e alla rete EU-CyCLONe, per lo scambio di informazioni e la gestione coordinata delle crisi transfrontaliere.

Coordinamento della strategia nazionale di cybersicurezza

L'ACN è responsabile dello sviluppo e dell'attuazione della strategia nazionale di cybersicurezza, che include:

Definizione delle priorità nazionali in materia di protezione delle infrastrutture critiche e dei servizi essenziali.

Promozione della resilienza cibernetica attraverso l'adozione di standard e linee guida per la sicurezza.

Monitoraggio e vigilanza

Come autorità di vigilanza, l'ACN svolge attività di:

Monitoraggio continuo delle minacce cibernetiche a livello nazionale.

Ispezioni e verifiche presso i soggetti obbligati (essenziali e importanti) per garantire la conformità alle disposizioni normative.

Analisi dei rischi emergenti e dei trend globali per aggiornare le politiche nazionali.

Gestione degli incidenti

L'ACN opera come ente di coordinamento per la risposta agli incidenti di sicurezza cibernetica, collaborando con i Computer Security Incident Response Team (CSIRT) nazionali e di settore. Le sue funzioni includono:

Ricezione e analisi delle notifiche di incidenti da parte dei soggetti obbligati.

Fornitura di supporto tecnico alle organizzazioni colpite.

Attivazione di piani di emergenza nazionali in caso di attacchi di vasta scala.

Promozione della cooperazione pubblico-privato

Un ruolo centrale dell'ACN è quello di favorire la collaborazione tra:

Settore pubblico: enti governativi, pubbliche amministrazioni e autorità locali.

Settore privato: aziende e fornitori di infrastrutture critiche, con particolare attenzione alle piccole e medie imprese.

Questa collaborazione è promossa attraverso:

Programmi di condivisione delle informazioni sulle minacce e le vulnerabilità.

Sviluppo di protocolli operativi congiunti per la gestione degli incidenti.

Iniziative di formazione e sensibilizzazione per migliorare la cultura della sicurezza cibernetica.

Certificazioni di cybersicurezza

L'ACN è responsabile della promozione e del riconoscimento degli schemi di certificazione della cybersicurezza, in linea con il quadro normativo europeo. Le sue attività includono:

Sviluppo di schemi di certificazione nazionali e settoriali.

Coordinamento con l'Agenzia dell'Unione Europea per la Cybersecurity (ENISA) per garantire l'armonizzazione degli standard.

Supporto alle organizzazioni nel processo di certificazione.

Supporto alla formazione e alla ricerca
L'ACN investe nella crescita delle competenze nazionali attraverso:

Programmi di formazione e aggiornamento professionale per il personale delle organizzazioni pubbliche e private.

Promozione della ricerca e innovazione in ambito di cybersicurezza, anche attraverso collaborazioni con università e centri di ricerca.

Iniziative per aumentare il numero di esperti in sicurezza cibernetica a livello nazionale.

Strumenti e risorse a disposizione dell'ACN

Per svolgere le sue funzioni, l'ACN dispone di:

Infrastrutture tecnologiche avanzate: sistemi di monitoraggio in tempo reale per l'individuazione di minacce e anomalie.
Piattaforme digitali per la gestione delle notifiche e la condivisione delle informazioni.

Poteri ispettivi e sanzionatori: possibilità di effettuare controlli presso i soggetti obbligati.
Applicazione di sanzioni amministrative in caso di mancata conformità alle norme.

Accesso a reti di cooperazione internazionali: collegamento diretto con i team CSIRT e le autorità competenti di altri Stati membri.

Problemi aperti e opportunità per l'ACN

Problemi aperti

- Gestire la crescente complessità delle minacce cibernetiche in un panorama globale in evoluzione.

- Garantire una copertura omogenea della sicurezza cibernetica in tutto il territorio nazionale, superando le disparità regionali.

- Coinvolgere efficacemente le PMI e gli enti locali nella strategia nazionale di cybersicurezza.

Opportunità

- Rafforzare la posizione dell'Italia come leader nella sicurezza cibernetica a livello europeo.

- Creare un ecosistema collaborativo tra pubblico e privato per aumentare la resilienza complessiva.

- Sostenere l'innovazione tecnologica attraverso investimenti mirati e iniziative di ricerca.

L'Agenzia per la cybersicurezza nazionale (ACN) svolge un ruolo centrale nella protezione del tessuto digitale italiano, fungendo da fulcro per la gestione delle emergenze, la promozione della resilienza e il coordinamento delle attività di sicurezza a livello nazionale ed europeo.

6. IL RUOLO DEGLI INGEGNERI NELLA CYBERSECURITY

Competenze tecniche e professionali richieste

Gli ingegneri rivestono un ruolo fondamentale nella progettazione, implementazione e manutenzione delle infrastrutture di sicurezza cibernetica. Nel contesto del Decreto n. 138/2024, il loro contributo diventa ancora più rilevante, in quanto sono chiamati a garantire l'adozione e il funzionamento delle misure tecniche e organizzative richieste dalla norma.

Gli ingegneri sono figure centrali per il supporto alle organizzazioni nella risposta alle minacce cibernetiche, contribuendo a creare sistemi sicuri, resilienti e conformi agli standard normativi.

Ruolo strategico degli ingegneri nella cybersecurity

Gli ingegneri operano in molteplici settori della cybersecurity, con responsabilità che spaziano dalla progettazione di infrastrutture sicure alla gestione degli incidenti e all'adozione di nuove tecnologie.

Le loro attività includono:

Progettazione di sistemi sicuri
Sviluppo e configurazione di architetture di rete che garantiscano sicurezza perimetrale e protezione interna.
Implementazione di sistemi di controllo degli accessi e di segmentazione delle reti.

Prevenzione e mitigazione dei rischi
Identificazione delle vulnerabilità nei sistemi e nei processi aziendali.
Progettazione e adozione di misure preventive, come firewall, intrusion detection systems (IDS) e intrusion prevention systems (IPS).

Gestione degli incidenti cibernetici
Monitoraggio dei sistemi per individuare anomalie e minacce in tempo reale.
Intervento immediato in caso di attacchi, per mitigare i danni e ripristinare le operazioni.

Conformità normativa e standardizzazione
Assicurare che le infrastrutture e i processi rispettino le norme nazionali e gli standard internazionali (ISO/IEC 27001, ENISA).
Supportare il processo di certificazione dei prodotti e dei servizi aziendali.

Innovazione tecnologica
Applicazione di tecnologie avanzate, come intelligenza artificiale e machine learning, per migliorare il rilevamento delle minacce.
Sviluppo di sistemi basati su blockchain per garantire la sicurezza e l'integrità dei dati.

Competenze tecniche richieste
Per svolgere queste attività, gli ingegneri devono possedere un ampio set di competenze tecniche, che spaziano dalla conoscenza dei principi fondamentali della sicurezza informatica alla padronanza di strumenti avanzati.

Tra le competenze principali richieste troviamo:

Sicurezza delle reti
Progettazione di reti sicure e configurazione di dispositivi di rete (switch, router, firewall).
Implementazione di tecniche di segmentazione e isolamento per ridurre la superficie di attacco.
Configurazione di sistemi di rilevamento delle intrusioni (IDS) e di prevenzione (IPS).

Protezione dei dati
Utilizzo di tecniche di crittografia per proteggere i dati in transito e a riposo.
Implementazione di backup sicuri e strategie di disaster recovery.

Conoscenza dei requisiti normativi relativi alla protezione dei dati personali, come il GDPR.

Sicurezza applicativa
Analisi delle vulnerabilità nei software e sviluppo di applicazioni sicure.
Utilizzo di strumenti per il testing della sicurezza, come penetration testing e analisi del codice statico.

Monitoraggio e gestione degli incidenti
Capacità di configurare e utilizzare sistemi SIEM (Security Information and Event Management) per l'analisi dei log e il rilevamento delle minacce.
Conoscenza delle tecniche di risposta agli incidenti, come il contenimento, la mitigazione e il ripristino.

Conoscenza delle normative e degli standard
Padronanza degli standard internazionali di sicurezza, come ISO/IEC 27001, ISO/IEC 27701, e dei framework ENISA.
Comprensione dei requisiti specifici del D.Lgs. 138/2024 e delle sue implicazioni operative.

Competenze professionali e trasversali
Oltre alle competenze tecniche, gli ingegneri devono sviluppare capacità trasversali per integrarsi efficacemente nei processi aziendali e collaborare con altri professionisti. Tra queste troviamo:

Problem solving
Capacità di analizzare problemi complessi e di identificare soluzioni pratiche ed efficienti.
Attitudine a lavorare sotto pressione in situazioni di emergenza, come attacchi o violazioni di dati.

Comunicazione
Abilità di tradurre concetti tecnici in un linguaggio comprensibile per i dirigenti aziendali e gli altri stakeholder.
Capacità di collaborare con team multidisciplinari, incluse figure

legali e manageriali.

Aggiornamento continuo
Disponibilità a formarsi costantemente per rimanere aggiornati sulle nuove tecnologie e sulle evoluzioni normative.
Partecipazione a corsi, certificazioni e conferenze specialistiche.

Ruoli specifici e aree di specializzazione
All'interno della cybersecurity, gli ingegneri possono occupare ruoli diversi, in base alle loro competenze e interessi.

Alcuni ruoli chiave includono:

Cybersecurity Engineer: progettazione e implementazione di soluzioni di sicurezza.

Security Analyst: monitoraggio e analisi degli eventi di sicurezza.

Incident Response Specialist: gestione delle emergenze e risposta agli incidenti.

Network Security Engineer: protezione delle reti aziendali.

Penetration Tester/Ethical Hacker: simulazione di attacchi per identificare vulnerabilità.

Cloud Security Engineer: implementazione di misure di sicurezza nei servizi cloud.

Gli ingegneri sono al centro della trasformazione digitale sicura, contribuendo alla resilienza cibernetica di organizzazioni pubbliche e private. Le loro competenze tecniche e professionali sono necessarie per rispondere alle crescenti minacce informatiche e per garantire la conformità alle norme, come il D.Lgs. 138/2024. Attraverso formazione continua, collaborazione e innovazione, gli ingegneri possono guidare il futuro della cybersecurity, proteggere le infrastrutture critiche e sostenere la crescita di un ecosistema digitale sicuro e affidabile.

Contributo all'implementazione delle misure di gestione del rischio

Gli ingegneri svolgono un ruolo fondamentale nell'implementazione delle misure di gestione del rischio cibernetico previste dal Decreto n. 138/2024. Attraverso la loro competenza tecnica e metodologica, garantiscono che le organizzazioni pubbliche e private adottino soluzioni sicure, efficienti e conformi agli standard normativi, integrando la gestione del rischio nei processi operativi e strategici.

Intervengono in ogni fase del ciclo di gestione del rischio, contribuendo con competenze specifiche e strumenti avanzati per prevenire, mitigare e rispondere ai rischi cibernetici.

Analisi dei rischi

Fa parte delle competenze e responsabilità degli ingegneri identificare e valutare le vulnerabilità dei sistemi informatici e delle infrastrutture critiche, utilizzando metodologie standardizzate.

In particolare:

Mappatura delle risorse critiche
Individuano sistemi, reti e processi essenziali per l'organizzazione. Analizzano le interconnessioni e le dipendenze tra infrastrutture.

Valutazione delle minacce
Rilevano le potenziali minacce interne (errori umani, configurazioni errate) ed esterne (attacchi informatici, disastri naturali).
Identificano i vettori di attacco più probabili e le loro implicazioni.

Quantificazione del rischio
Utilizzano metriche standard per valutare l'impatto e la probabilità degli scenari di rischio.

Strumenti utilizzabili

Framework come NIST Cybersecurity Framework e ISO/IEC 27005.
Software per il vulnerability assessment e l'analisi delle reti.

Implementazione di misure preventive

Il ruolo degli ingegneri riguarda anche la predisposizione di contromisure tecniche e organizzative per ridurre i rischi individuati, adottando un approccio multilivello.

Protezione perimetrale e delle reti
Configurano firewall avanzati, VPN e intrusion prevention systems (IPS).
Implementano la segmentazione delle reti per isolare i sistemi critici.

Protezione dei dati
Utilizzano crittografia avanzata per proteggere i dati sensibili sia in transito che a riposo.
Progettano backup sicuri e replicazioni geografiche per garantire il ripristino in caso di attacco.

Monitoraggio continuo
Configurano sistemi SIEM (Security Information and Event Management) per monitorare i log e rilevare attività sospette in tempo reale.
Utilizzano strumenti di analisi comportamentale (UBA) per identificare anomalie.

Sviluppo di piani di continuità operativa e disaster recovery

Gli ingegneri collaborano alla definizione e all'implementazione di piani per garantire la resilienza delle organizzazioni durante e dopo un incidente.

Business Continuity Plan (BCP)
Progettano strategie per mantenere attivi i servizi critici anche in situazioni di emergenza.
Definiscono soluzioni alternative per garantire la disponibilità dei sistemi.

Disaster Recovery Plan (DRP)
Configurano ambienti di ripristino remoto (es. siti secondari, cloud) per il recupero rapido delle operazioni.
Testano regolarmente i piani di ripristino per verificarne l'efficacia.

Automazione della gestione del rischio

Sfruttano tecnologie avanzate per automatizzare il rilevamento, l'analisi e la risposta ai rischi cibernetici.
Machine Learning e Intelligenza Artificiale
Applicano algoritmi per identificare schemi di attacco e prevedere comportamenti anomali.

Security Orchestration, Automation, and Response (SOAR)
Implementano piattaforme per automatizzare la gestione degli incidenti e ridurre i tempi di risposta.

Verifica e miglioramento continuo

Gli ingegneri effettuano audit periodici per garantire che le misure implementate siano adeguate e aggiornate rispetto all'evoluzione delle minacce:

Penetration testing
Simulano attacchi per identificare vulnerabilità nei sistemi e nei processi.

Aggiornamento delle tecnologie
Garantiscono che software e hardware siano sempre protetti dalle vulnerabilità note.

Analisi post-incidenti
Valutano le cause e gli impatti degli incidenti per migliorare le misure preventive.

Competenze chiave degli ingegneri per la gestione del rischio
Gli ingegneri devono possedere competenze tecniche avanzate, ma anche capacità trasversali per integrare la gestione del rischio nei contesti organizzativi:

Competenze tecniche specifiche
Conoscenza approfondita di protocolli di rete, sistemi di sicurezza e architetture ICT.
Capacità di configurare e gestire strumenti di sicurezza avanzati (es. SIEM, IDS/IPS).
Padronanza di framework per la gestione del rischio, come ISO/IEC 27001 e NIST.

Capacità analitiche
Approccio metodico per identificare vulnerabilità e priorità di intervento.
Abilità nel tradurre i rischi tecnici in indicatori comprensibili per il management.

Collaborazione interdisciplinare
Lavoro a stretto contatto con i dirigenti aziendali, i responsabili IT e le figure legali.
Capacità di comunicare chiaramente soluzioni tecniche a stakeholder non tecnici.

Adattabilità e aggiornamento continuo
Prontezza nel rispondere a minacce emergenti e nel integrare nuove tecnologie.
Partecipazione a corsi e certificazioni (es. Certified Information Systems Security Professional, CISSP).

Valore strategico del contributo degli ingegneri
Il coinvolgimento degli ingegneri nella gestione del rischio cibernetico garantisce la protezione delle infrastrutture critiche, riducendo la probabilità di interruzioni.
Gli ingegneri rappresentano il pilastro operativo della gestione del rischio cibernetico, traducendo la strategia normativa in soluzioni concrete ed efficaci. Grazie alla loro capacità di integrare competenze tecniche, approccio metodologico e innovazione tecnologica, contribuiscono in modo determinante alla sicurezza delle organizzazioni e alla protezione del tessuto digitale. Nell'ambito del D.Lgs. n. 138/2024, il loro contributo diventa

strategico per garantire il rispetto degli obblighi di sicurezza e la resilienza delle infrastrutture critiche.

Collaborazione tra ingegneri e altre figure professionali

La cybersecurity è un campo intrinsecamente multidisciplinare, che richiede la collaborazione tra professionisti con competenze diverse per affrontare efficacemente le minacce cibernetiche e garantire la conformità normativa.

Ruolo degli ingegneri nella collaborazione interdisciplinare

Gli ingegneri forniscono le competenze tecniche necessarie per:

- Tradurre le strategie organizzative in soluzioni tecnologiche.

- Fornire dati e analisi basati su strumenti avanzati di sicurezza.

- Comunicare i requisiti tecnici e operativi ad altri professionisti coinvolti.

La loro collaborazione con figure legali, manageriali e operative consente di integrare la sicurezza cibernetica nei processi decisionali, operativi e strategici delle organizzazioni.

Figure professionali chiave e interazioni con gli ingegneri

Responsabili legali e compliance

La cybersecurity è strettamente legata al rispetto delle normativ. Gli ingegneri lavorano con avvocati e responsabili della compliance per garantire che le misure tecniche soddisfino i requisiti legali.

Aree di collaborazione

Traduzione dei requisiti normativi in specifiche tecniche.
Supporto nella stesura delle politiche di sicurezza, come i piani di gestione degli incidenti.
Valutazione dell'impatto sulla protezione dei dati (DPIA) in progetti tecnologici.

Benefici

Prevenzione delle sanzioni grazie a un'efficace gestione della

compliance.
Allineamento tra le soluzioni tecniche e gli obblighi legali.

Responsabili IT e tecnici operativi
I responsabili IT e i tecnici operativi sono interlocutori naturali degli ingegneri, condividendo responsabilità nella gestione delle infrastrutture digitali e nell'implementazione delle misure di sicurezza.

Aree di collaborazione
Configurazione e manutenzione di sistemi di sicurezza, come firewall, IDS/IPS e backup.
Monitoraggio e analisi dei log attraverso strumenti SIEM.
Gestione degli aggiornamenti software e delle patch di sicurezza.

Benefici
Integrazione tra misure di sicurezza e operatività aziendale.
Maggiore efficienza nella gestione dei sistemi grazie al coordinamento tecnico.

Dirigenti e responsabili della strategia aziendale
I dirigenti aziendali, inclusi CEO e CIO, definiscono la strategia generale dell'organizzazione, mentre gli ingegneri, se non direttamente parte della direzione, forniscono supporto tecnico per integrare la cybersecurity nelle decisioni strategiche.

Aree di collaborazione
Fornitura di dati e report sui rischi cibernetici per il processo decisionale.
Partecipazione alla definizione di priorità di investimento in sicurezza.
Sviluppo di piani di continuità operativa e ripristino in caso di incidenti.

Benefici
Maggiore consapevolezza della leadership aziendale sui rischi cibernetici.
Pianificazione strategica basata su dati tecnici concreti.

Responsabili della gestione del rischio
I professionisti della gestione del rischio lavorano insieme agli ingegneri per identificare, valutare e mitigare i rischi cibernetici che potrebbero influire sull'organizzazione.

Aree di collaborazione
Mappatura dei rischi tecnologici e operativi.
Prioritizzazione delle azioni di mitigazione basata su analisi tecniche.
Verifica periodica delle misure di sicurezza implementate.

Benefici
Approccio olistico alla gestione del rischio, che integra aspetti tecnici e organizzativi.
Maggiore efficacia nella prevenzione e mitigazione degli impatti.

Responsabili della formazione e delle risorse umane
La consapevolezza e la formazione dei dipendenti sono elementi chiave della resilienza cibernetica. Gli ingegneri collaborano con i responsabili delle risorse umane per sviluppare programmi educativi e piani di formazione.

Aree di collaborazione
Creazione di corsi sulla consapevolezza dei rischi cibernetici (es. phishing, aumento sicurezza delle password e delle procedure di accesso ai sistemi).
Identificazione delle competenze tecniche necessarie per i team IT e di sicurezza.
Conduzione di simulazioni di incidenti per testare la risposta dell'organizzazione.

Benefici
Riduzione degli errori umani, spesso causa principale degli incidenti di sicurezza.
Miglioramento delle competenze interne in materia di cybersecurity.

Team di risposta agli incidenti (IRT/CSIRT)

I team di risposta agli incidenti, spesso composti da figure multidisciplinari, collaborano con gli ingegneri per gestire situazioni di emergenza.

Aree di collaborazione
Coordinamento nella rilevazione, contenimento e mitigazione degli incidenti.
Analisi post-incidente per individuare le cause e rafforzare le difese.
Condivisione di informazioni con autorità competenti, come l'Agenzia per la cybersicurezza nazionale (ACN).

Benefici
Risposta tempestiva ed efficace agli incidenti.
Riduzione dell'impatto operativo e reputazionale.

Vantaggi della collaborazione interdisciplinare
La collaborazione tra ingegneri e altre figure professionali offre numerosi vantaggi:

Integrazione delle competenze: combinazione di conoscenze tecniche, legali, manageriali e operative.

Efficienza operativa: riduzione delle duplicazioni e miglioramento del coordinamento.

Conformità normativa: garanzia che le soluzioni tecniche siano allineate ai requisiti legali.

Resilienza organizzativa: approccio olistico alla sicurezza, che considera tutti gli aspetti rilevanti per l'organizzazione.

Problemi e complessità nella collaborazione
Nonostante i benefici, la collaborazione interdisciplinare può incontrare alcune difficoltà:

Comunicazione: differenze di linguaggio e di obiettivi tra figure tecniche e non tecniche.
Carenza di risorse: mancanza di competenze specifiche in alcune aree.

Resistenza al cambiamento: difficoltà nell'integrare la cybersecurity nei processi consolidati.

Per superare queste difficoltà, è essenziale promuovere una cultura aziendale che valorizzi la sicurezza cibernetica come priorità condivisa. Gli ingegneri, grazie alle loro competenze tecniche, possono costituire il cuore operativo della sicurezza cibernetica, ma la loro efficacia dipende dalla capacità di collaborare con figure legali, manageriali e operative. La sinergia tra questi professionisti è fondamentale per affrontare le crescenti minacce nel panorama cibernetico, garantire la conformità normativa e proteggere le infrastrutture critiche e i servizi essenziali. Nell'ecosistema delineato dal D.Lgs. 138/2024, questa collaborazione rappresenta una condizione indispensabile per costruire organizzazioni resilienti e un mercato digitale sicuro.

7. STRATEGIA NAZIONALE DI CYBERSICUREZZA E GOVERNANCE

Funzioni dell'Agenzia per la cybersicurezza nazionale

Il Decreto Legislativo n. 138/2024 consolida il ruolo dell'Agenzia per la cybersicurezza nazionale come ente centrale per la definizione, attuazione e coordinamento della strategia nazionale di cybersicurezza. L'obiettivo è rafforzare la resilienza cibernetica del Paese attraverso una governance integrata, che coinvolga istituzioni, aziende e cittadini.

La strategia nazionale di cybersicurezza
La strategia nazionale di cybersicurezza si basa su tre pilastri principali:

Prevenzione
Ridurre le vulnerabilità delle infrastrutture critiche e dei servizi essenziali.
Sensibilizzare le organizzazioni e i cittadini sui rischi cibernetici.

Resilienza
Garantire la capacità di risposta e ripristino rapido in caso di incidenti.
Rafforzare i piani di continuità operativa e di disaster recovery.

Collaborazione
Promuovere la cooperazione tra enti pubblici, imprese private e organismi internazionali.
Favorire lo scambio di informazioni sulle minacce cibernetiche.

La strategia è aggiornata periodicamente dall'ACN per rispondere alle evoluzioni del panorama delle minacce e agli sviluppi tecnologici.

Il ruolo dell'Agenzia per la cybersicurezza nazionale

Definizione e coordinamento della strategia nazionale
L'ACN è responsabile della progettazione e dell'attuazione della strategia nazionale di cybersicurezza. Le sue attività includono:

Pianificazione strategica
Identificazione delle priorità nazionali per la sicurezza delle infrastrutture critiche e dei servizi essenziali.
Sviluppo di linee guida per il settore pubblico e privato.

Coordinamento interistituzionale
Collaborazione con ministeri, regioni e autorità locali per l'attuazione delle politiche di sicurezza.
Integrazione delle strategie nazionali con le politiche europee e internazionali.

Monitoraggio e valutazione dei rischi
L'ACN svolge un ruolo centrale nella valutazione dei rischi cibernetici, fornendo un quadro aggiornato e dinamico delle minacce.

Analisi delle minacce
Monitoraggio continuo delle vulnerabilità e delle minacce emergenti, attraverso l'utilizzo di tecnologie avanzate.

Raccolta e condivisione dei dati
Creazione di database centralizzati per raccogliere informazioni sugli incidenti e supportare l'analisi preventiva.

Reportistica
Pubblicazione di rapporti periodici sullo stato della sicurezza cibernetica nazionale.

Coordinamento operativo in caso di incidenti
L'ACN è il punto di riferimento per la gestione delle emergenze cibernetiche. Le sue funzioni operative includono:

Gestione delle crisi

Attivazione di piani di risposta in caso di attacchi su vasta scala. Coordinamento con il CSIRT Italia (Computer Security Incident Response Team) per la mitigazione degli impatti.

Supporto tecnico
Assistenza alle organizzazioni colpite da incidenti per il contenimento e il ripristino delle operazioni.

Comunicazione e trasparenza
Notifica degli incidenti alle autorità competenti e aggiornamento tempestivo degli stakeholder.

Promozione della resilienza cibernetica
L'ACN promuove la resilienza delle infrastrutture critiche e dei servizi essenziali attraverso:

Sviluppo di standard e linee guida
Pubblicazione di specifiche tecniche per la protezione delle infrastrutture critiche.
Promozione di schemi di certificazione in collaborazione con ENISA.

Piani di continuità operativa
Supporto alle organizzazioni nella definizione e nel test dei piani di continuità e disaster recovery.

Simulazioni ed esercitazioni
Organizzazione di esercitazioni su larga scala per testare la capacità di risposta del sistema nazionale.

Supporto alla cooperazione internazionale
L'ACN rappresenta l'Italia nei principali organismi europei e internazionali di cybersecurity, tra cui:

Gruppo di Cooperazione NIS
Partecipazione alla definizione di politiche comuni e allo scambio di buone pratiche tra Stati membri.

Rete EU-CyCLONe

Coordinamento delle risposte alle crisi cibernetiche transfrontaliere.
Collaborazione bilaterale e multilaterale:
Accordi con altre nazioni e organizzazioni per il contrasto alle minacce globali.

Promozione della formazione e della consapevolezza
Un aspetto centrale della missione dell'ACN è accrescere la cultura della sicurezza cibernetica in Italia, tramite:

Programmi educativi
Promozione di iniziative per la formazione di professionisti specializzati in cybersecurity.
Collaborazione con scuole e università per integrare la cybersecurity nei programmi didattici.

Sensibilizzazione del pubblico
Campagne informative rivolte a cittadini e imprese per aumentare la consapevolezza sui rischi cibernetici.

Incentivi per la certificazione
Supporto finanziario e tecnico per l'adozione di standard di sicurezza da parte delle PMI.

Vigilanza e controllo
L'ACN esercita funzioni di vigilanza per garantire la conformità normativa dei soggetti obbligati:

Ispezioni
Controlli periodici presso le organizzazioni per verificare l'attuazione delle misure di sicurezza previste.

Applicazione delle sanzioni
Gestione delle procedure sanzionatorie per le violazioni del D.Lgs. 138/2024.

Valutazione della conformità
Monitoraggio continuo delle certificazioni e delle misure implementate.

Impatto della governance centralizzata dell'ACN

L'ACN, attraverso le sue funzioni di governance e coordinamento, fornisce una risposta strutturata alle sfide della cybersecurity, garantendo:

- Un approccio integrato alla protezione delle infrastrutture critiche e dei servizi essenziali.

- Maggiore resilienza nazionale, grazie al monitoraggio costante e alla gestione efficace delle emergenze.

- Collaborazione efficace tra settore pubblico e privato, fondamentale per affrontare le minacce complesse e dinamiche del panorama digitale.

L'Agenzia per la cybersicurezza nazionale rappresenta il fulcro della strategia di cybersicurezza italiana, con un mandato che integra pianificazione strategica, monitoraggio, gestione delle emergenze e promozione della cultura della sicurezza. Grazie alla sua azione, il sistema nazionale di sicurezza cibernetica intende rispondere in modo coordinato alle sfide del panorama digitale, rafforzando la fiducia nelle infrastrutture critiche e nei servizi essenziali.

Coordinamento tra enti pubblici e privati

Nel contesto del Decreto Legislativo n. 138, il coordinamento tra enti pubblici e privati è un elemento centrale per garantire la resilienza del sistema cibernetico nazionale. Le minacce informatiche, sempre più sofisticate e interconnesse, richiedono infatti una collaborazione strutturata e continuativa per proteggere le infrastrutture critiche e i servizi essenziali.
L'Agenzia per la cybersicurezza nazionale svolge un ruolo chiave nel promuovere questa sinergia, favorendo la condivisione di informazioni, l'armonizzazione delle misure di sicurezza e la risposta coordinata agli incidenti.

Obiettivi del coordinamento pubblico-privato

Il coordinamento tra il settore pubblico e quello privato mira a:

- Prevenire gli incidenti informatici attraverso la condivisione tempestiva di informazioni sulle minacce.

- Ridurre le vulnerabilità delle infrastrutture e dei processi interconnessi.

- Promuovere standard uniformi di sicurezza per migliorare la resilienza complessiva.

- Ottimizzare le risorse disponibili per la sicurezza cibernetica, combinando capacità pubbliche e private.

- Rispondere rapidamente agli incidenti con un approccio integrato e collaborativo.

Strumenti e meccanismi di coordinamento

Piattaforme di condivisione delle informazioni
Un pilastro del coordinamento pubblico-privato è rappresentato dalla creazione di piattaforme per lo scambio di informazioni su minacce, vulnerabilità e incidenti.

CERT e CSIRT
I team di risposta agli incidenti cibernetici (CERT e CSIRT) fungono da punti di contatto per la raccolta e la condivisione di dati tecnici con le organizzazioni pubbliche e private.

Threat Intelligence Sharing
Le imprese private condividono dati sugli attacchi subiti con le autorità, ricevendo in cambio informazioni utili per prevenire futuri incidenti.

Definizione di standard comuni

L'ACN, in collaborazione con le associazioni di categoria e le imprese, sviluppa linee guida e standard tecnici uniformi per:
- Proteggere le infrastrutture critiche.
- Garantire la compatibilità e l'interoperabilità dei sistemi di sicurezza.
- Facilitare la certificazione delle tecnologie e dei processi

utilizzati.

Accordi di collaborazione e protocolli operativi

Gli enti pubblici e le aziende private stipulano protocolli di collaborazione per:

- Coordinare le attività di prevenzione e risposta agli incidenti.

- Definire ruoli e responsabilità in caso di emergenze cibernetiche.

- Integrare le risorse tecniche e operative nei piani di gestione delle crisi.

Partecipazione a esercitazioni e simulazioni

Esercitazioni nazionali
Simulazioni di scenari di attacco su larga scala, che coinvolgono autorità pubbliche, aziende e operatori di servizi essenziali.

Esercitazioni transfrontaliere
Collaborazione con altri Stati membri dell'UE per testare la risposta coordinata agli incidenti transnazionali.

Ruoli e responsabilità

Enti pubblici

Agenzia per la cybersicurezza nazionale (ACN)
Promuove la cooperazione e facilita il dialogo tra i vari attori coinvolti.
Fornisce linee guida tecniche e supporto operativo per la gestione del rischio cibernetico.
Coordina la risposta agli incidenti su scala nazionale e internazionale.

Ministeri e autorità di settore
Garantiscono la conformità normativa nei rispettivi ambiti (es. sanità, trasporti, energia).
Collaborano con l'ACN per supervisionare l'attuazione delle misure di sicurezza.

Enti locali

Collaborano con le imprese del territorio per sviluppare strategie di sicurezza condivise.
Contribuiscono alla diffusione di una cultura della sicurezza cibernetica.

Imprese private

Operatori di servizi essenziali e importanti
Implementano misure tecniche e organizzative adeguate per la protezione delle proprie infrastrutture.
Collaborano con l'ACN e i CERT per notificare incidenti e condividere informazioni sulle minacce.

PMI e fornitori della supply chain
Partecipano a programmi di formazione e certificazione per rafforzare la propria sicurezza.
Condividono dati sulle vulnerabilità che potrebbero influire sui clienti o sui partner.

Associazioni di categoria

Fungono da intermediari tra le aziende e le autorità pubbliche.
Promuovono la diffusione di buone pratiche e standard di sicurezza.

Modelli di collaborazione

Partenariati pubblico-privati (PPP)
Il decreto incoraggia la creazione di partenariati pubblico-privati, che prevedono:
- La condivisione di risorse e competenze tra il settore pubblico e quello privato.
- La definizione congiunta di strategie per la protezione delle infrastrutture critiche.

Centri di coordinamento regionali
Strutture regionali che facilitano la collaborazione tra enti locali,

imprese e cittadini.

Piattaforme per la formazione e la sensibilizzazione sulla sicurezza cibernetica.

Ecosistemi di innovazione
Collaborazione con università e centri di ricerca per sviluppare tecnologie avanzate di protezione.
Coinvolgimento di start-up e PMI innovative nel potenziamento delle difese cibernetiche.

Problemi e difficoltà del coordinamento

Fiducia reciproca
Le imprese potrebbero esitare a condividere informazioni sensibili con le autorità per timore di danni reputazionali o di controlli e sanzioni attivati sulla base delle informazioni condivise.

Diverse priorità
Gli enti pubblici e le aziende potrebbero avere obiettivi diversi, con conseguenti difficoltà nell'allineare le strategie.

Carenza di risorse
Le PMI spesso non dispongono delle risorse necessarie per adottare standard di sicurezza avanzati.

Vantaggi della collaborazione

Maggiore resilienza
La cooperazione tra pubblico e privato rafforza la protezione delle infrastrutture critiche e riduce l'impatto degli incidenti.

Condivisione delle conoscenze
Lo scambio di dati e competenze consente di affrontare le minacce con maggiore efficacia.

Efficienza operativa
L'armonizzazione degli standard riduce la duplicazione degli sforzi e facilita la conformità normativa.

Il coordinamento tra enti pubblici e privati, promosso dall'Agenzia per la cybersicurezza nazionale, è una componente essenziale della strategia nazionale di cybersicurezza. Grazie a un approccio collaborativo, l'Italia può migliorare la resilienza del suo ecosistema digitale, garantendo la protezione delle infrastrutture critiche e la continuità dei servizi essenziali. La sfida principale sarà quella di costruire una fiducia reciproca e di incentivare una partecipazione attiva da parte di tutti gli attori coinvolti.

Strumenti di monitoraggio e vigilanza

Il Decreto n. 138/2024 introduce un sistema articolato di monitoraggio e vigilanza per garantire l'attuazione efficace delle misure di sicurezza cibernetica da parte dei soggetti obbligati. L'obiettivo è proteggere le infrastrutture critiche, i servizi essenziali e le infrastrutture digitali attraverso una supervisione strutturata e integrata.
L'Agenzia per la cybersicurezza nazionale è il principale ente responsabile per il monitoraggio e la vigilanza, supportato da autorità settoriali e meccanismi tecnologici avanzati.

Obiettivi del monitoraggio e della vigilanza

Garantire la conformità normativa
Verificare che i soggetti obbligati adottino misure tecniche e organizzative adeguate.

Prevenire incidenti
Rilevare tempestivamente vulnerabilità e minacce.

Rafforzare la resilienza
Monitorare l'efficacia delle politiche di sicurezza e migliorarle nel tempo.

Supportare la gestione degli incidenti
Fornire dati in tempo reale per mitigare e rispondere agli eventi critici.

Strumenti principali per il monitoraggio

Sistemi di rilevamento delle minacce
SIEM (Security Information and Event Management): analisi in tempo reale di log e dati di sistema per individuare attività sospette.
Strumenti utilizzati sia dall'ACN sia dai soggetti obbligati per il monitoraggio continuo.

IDS/IPS (Intrusion Detection/Prevention Systems)
Sistemi che rilevano tentativi di intrusione e possono bloccare automaticamente attività malevole.

Threat Intelligence Platforms (TIP)
Piattaforme per raccogliere, analizzare e condividere informazioni sulle minacce cibernetiche.

Piattaforme nazionali di condivisione dei dati

L'ACN gestisce piattaforme centralizzate per:

- Raccogliere informazioni dagli operatori di infrastrutture critiche.

- Condividere dati su vulnerabilità e incidenti con il settore privato.

Si tratta di strumenti che favoriscono un'azione coordinata e rapida in caso di emergenza.

Sistemi di analisi automatizzata

Machine Learning e Intelligenza Artificiale
Utilizzo di algoritmi per individuare schemi anomali e minacce emergenti.

Automated Risk Assessment Tools
Valutazione automatica dei rischi basata su dati storici e trend attuali.

Strumenti di vigilanza

Ispezioni e audit periodici

Ispezioni sul campo
Controlli diretti presso i soggetti obbligati per verificare l'attuazione delle misure di sicurezza.

Audit documentali
Revisione delle politiche di sicurezza, dei piani di continuità operativa e delle notifiche di incidenti.

Self-assessment obbligatori
Richiesta periodica ai soggetti obbligati di fornire report di autovalutazione sulle misure implementate.

Certificazioni e verifiche di conformità
L'ACN e le autorità settoriali verificano la conformità delle certificazioni di sicurezza adottate dalle organizzazioni, come:

- ISO/IEC 27001 per la gestione della sicurezza delle informazioni.

- Certificazioni ENISA per prodotti e processi ICT.

Simulazioni ed esercitazioni

Penetration testing
Simulazioni di attacchi informatici per individuare vulnerabilità.

Esercitazioni nazionali
Test di scenari complessi che coinvolgono più soggetti, inclusi operatori di infrastrutture critiche e autorità pubbliche.

Red teaming
Squadre specializzate che simulano attacchi per testare la risposta delle difese.

Reti di cooperazione
CSIRT nazionali e settoriali: collaborazione tra team di risposta agli incidenti per monitorare in tempo reale le minacce.

Gruppo di Cooperazione NIS: rete europea per la condivisione di informazioni e buone pratiche tra Stati membri.

Funzioni di coordinamento

L'ACN, come ente centrale, ha il compito di coordinare le attività di monitoraggio e vigilanza, assicurando l'efficacia del sistema nazionale di sicurezza cibernetica. Le sue funzioni principali includono:

Raccolta e analisi dei dati
Monitoraggio continuo delle infrastrutture critiche attraverso strumenti tecnologici avanzati.

Supervisione delle notifiche di incidenti
Ricezione, analisi e gestione delle segnalazioni inviate dai soggetti obbligati.

Definizione di linee guida
Sviluppo di standard e protocolli operativi per le attività di monitoraggio.

Applicazione delle sanzioni
In caso di mancata conformità, l'ACN ha il potere di imporre sanzioni amministrative e prescrivere misure correttive.

Problemi del monitoraggio e della vigilanza

Crescente complessità delle minacce
Le tecniche di attacco evolvono rapidamente, richiedendo strumenti sempre più sofisticati.

Carenza di competenze tecniche
La domanda di esperti qualificati supera l'offerta, creando un gap nelle capacità operative.

Resistenza organizzativa
Alcune organizzazioni possono essere riluttanti a condividere informazioni sensibili, temendo danni reputazionali.

Benefici del sistema di monitoraggio e vigilanza

Prevenzione proattiva

Individuazione precoce delle vulnerabilità e delle minacce, riducendo il rischio di incidenti.

Resilienza operativa
Miglioramento continuo delle difese grazie all'analisi dei dati e alla revisione delle politiche di sicurezza.

Conformità normativa
Riduzione del rischio di sanzioni e miglioramento della reputazione organizzativa.

Gli strumenti di monitoraggio e vigilanza introdotti dal D.Lgs. 138/2024 rappresentano un pilastro essenziale della strategia nazionale di cybersicurezza. Grazie a un sistema integrato che combina tecnologie avanzate, cooperazione tra enti e audit periodici, l'Italia può rafforzare la protezione delle infrastrutture critiche e dei servizi essenziali, promuovendo la cultura della sicurezza cibernetica.

8. COOPERAZIONE INTERNAZIONALE E DIMENSIONE EUROPEA

Il Gruppo di Cooperazione NIS e le reti europee di risposta (EU-CyCLONe)

Il Decreto Legislativo n. 138/2024 enfatizza il ruolo della cooperazione internazionale per affrontare le minacce cibernetiche, spesso provenienti da territori extra-europei. La cybersecurity è considerata una priorità strategica a livello europeo, e la Direttiva NIS2 stabilisce strumenti e meccanismi per rafforzare la collaborazione tra gli Stati membri.

Tra gli strumenti principali della cooperazione europea figurano il Gruppo di Cooperazione NIS e la rete EU-CyCLONe, che facilitano lo scambio di informazioni, l'armonizzazione delle misure e la risposta coordinata agli incidenti cibernetici.

Il Gruppo di Cooperazione NIS

Ruolo e obiettivi

Il Gruppo di Cooperazione NIS, istituito dalla Direttiva NIS originale e rafforzato dalla NIS2, è un forum che riunisce rappresentanti:

- degli Stati membri dell'Unione Europea.

- della Commissione Europea.

- dell'Agenzia dell'Unione Europea per la Cybersecurity (ENISA).

Il suo obiettivo principale è:

- Facilitare la cooperazione strategica tra gli Stati membri per prevenire e mitigare i rischi
cibernetici.

- Promuovere l'armonizzazione delle misure di sicurezza cibernetica in tutta l'UE.

Attività principali

Sviluppo di linee guida e buone pratiche
Pubblicazione di documenti che aiutano gli Stati membri a implementare le disposizioni della NIS2 in modo uniforme.

Condivisione di informazioni e analisi dei rischi
Scambio di informazioni su minacce, vulnerabilità e incidenti significativi.

Coordinamento delle strategie nazionali
Supervisione dello sviluppo delle strategie nazionali di cybersicurezza, per garantire coerenza con le priorità europee.

Supporto nella gestione delle crisi
Facilitazione della cooperazione tra Stati membri durante crisi cibernetiche transfrontaliere.

Contributo dell'Italia al Gruppo di Cooperazione
L'Italia, attraverso l'Agenzia per la cybersicurezza nazionale (ACN), partecipa attivamente ai lavori del Gruppo di Cooperazione, condividendo esperienze e beneficiando delle buone pratiche sviluppate a livello europeo.
Il Gruppo rappresenta anche un'opportunità per rafforzare le capacità nazionali e migliorare il coordinamento tra le autorità italiane e le loro controparti europee.

La rete EU-CyCLONe

Ruolo e obiettivi
La EU-CyCLONe (EU Cyber Crisis Liaison Organisation Network) è una rete operativa dedicata alla gestione delle crisi cibernetiche transfrontaliere. Il suo scopo è garantire una risposta rapida e coordinata a livello europeo in caso di attacchi su vasta scala che coinvolgano più Stati membri.

Attività principali

Coordinamento delle risposte operative
Facilita la comunicazione e il coordinamento tra gli Stati membri durante gli incidenti, riducendo i tempi di reazione e ottimizzando le risorse.

Gestione delle crisi transnazionali
Fornisce un quadro operativo per gestire crisi che colpiscono infrastrutture critiche di più paesi.

Simulazioni ed esercitazioni
Organizza esercitazioni periodiche per testare la capacità di risposta collettiva e migliorare la prontezza operativa.

Condivisione di risorse e competenze
Coordina l'utilizzo di risorse comuni, come expertise tecnica, strumenti di analisi e piani di ripristino.

Ruolo dell'Italia nella rete EU-CyCLONe
L'Agenzia per la cybersicurezza nazionale (ACN) funge da punto di contatto italiano per la rete EU-CyCLONe, rappresentando il Paese nella gestione delle crisi cibernetiche.
L'Italia contribuisce con le proprie competenze tecniche e risorse operative, partecipando attivamente alle esercitazioni e condividendo informazioni sugli incidenti rilevanti.

Integrazione tra il livello nazionale e quello europeo

Ruolo dell'ACN
L'Agenzia per la cybersicurezza nazionale agisce come ponte tra il livello nazionale e quello europeo, coordinando:

- La partecipazione dell'Italia al Gruppo di Cooperazione NIS e alla rete EU-CyCLONe.

- La condivisione di dati e informazioni con gli altri Stati membri e con l'ENISA.

- La comunicazione tra le autorità italiane, le aziende nazionali e le istituzioni europee.

Vantaggi per l'Italia

Miglioramento delle capacità operative
Accesso a strumenti, risorse e buone pratiche sviluppate a livello europeo.

Rafforzamento della resilienza nazionale
Collaborazione con altri Stati membri per affrontare minacce comuni.

Integrazione delle normative
Armonizzazione delle misure di sicurezza con gli standard europei.

Sfide della cooperazione internazionale

Coordinamento tra Stati membri
Differenze nei livelli di preparazione e risorse tra i vari paesi possono creare squilibri nella cooperazione.

Condivisione delle informazioni
La riservatezza dei dati rappresenta una sfida, in particolare per le aziende private coinvolte nella collaborazione.

Adattamento delle normative
Integrare le direttive europee nei contesti normativi nazionali può richiedere tempo e risorse significative.

Benefici della cooperazione internazionale

Risposta rapida e coordinata
La collaborazione tra gli Stati membri migliora l'efficacia della risposta agli incidenti transnazionali.

Armonizzazione delle misure
L'adozione di standard comuni aumenta la sicurezza e la fiducia tra i paesi.

Condivisione delle risorse
I paesi possono beneficiare delle competenze tecniche e delle esperienze di altri Stati membri.

Rafforzamento della resilienza complessiva
Una cooperazione forte contribuisce a costruire un ecosistema digitale europeo più sicuro.

La cooperazione internazionale e la dimensione europea rappresentano pilastri per affrontare le minacce cibernetiche globali. Il Gruppo di Cooperazione NIS e la rete EU-CyCLONe offrono strumenti per garantire un approccio integrato alla cybersecurity, facilitando la condivisione di informazioni, l'armonizzazione delle misure e la risposta coordinata agli incidenti. Grazie al coinvolgimento attivo dell'Italia, l'Agenzia per la cybersicurezza nazionale (ACN) contribuisce a rafforzare la sicurezza cibernetica del Paese e dell'intera Unione Europea.

Scambi di informazioni e collaborazione transfrontaliera

Il Decreto Legislativo n. 138/2024 sottolinea l'importanza della collaborazione transfrontaliera e degli scambi di informazioni tra Stati membri e altri attori internazionali per affrontare le minacce cibernetiche in un contesto globale. La natura sempre più interconnessa delle infrastrutture critiche e dei sistemi digitali rende necessaria una cooperazione efficace per prevenire, mitigare e rispondere agli incidenti informatici.

Obiettivi degli scambi di informazioni e della collaborazione transfrontaliera

Rafforzare la resilienza collettiva
Condividere conoscenze sulle minacce emergenti e sulle vulnerabilità per migliorare le difese comuni.

Gestire le crisi transfrontaliere

Coordinare le risposte agli incidenti che coinvolgono più paesi.

Promuovere l'armonizzazione normativa
Garantire che le misure di sicurezza adottate a livello nazionale siano coerenti con gli standard europei e internazionali.

Ottimizzare le risorse
Ridurre la duplicazione degli sforzi e condividere strumenti e competenze tra Stati membri.

Strumenti per gli scambi di informazioni

Piattaforme europee

EU-CyCLONe: rete operativa per la gestione delle crisi cibernetiche transfrontaliere, che consente lo scambio rapido di informazioni tra Stati membri durante gli incidenti.

CSIRT Network: collegamento tra i team di risposta agli incidenti informatici di ogni Stato membro, per condividere dati tecnici, indicatori di compromissione (IoC) e analisi post-incidenti.

ENISA Threat Landscape: report periodici pubblicati dall'Agenzia dell'Unione Europea per la Cybersecurity (ENISA) che forniscono informazioni aggiornate sulle minacce cibernetiche e le loro tendenze.

Piattaforme nazionali integrate con quelle europee

Piattaforme gestite dall'ACN: l'Agenzia per la cybersicurezza nazionale gestisce sistemi per lo scambio di informazioni tra soggetti obbligati, autorità settoriali e altri Stati membri, mediante i quali svolge raccolta e analisi di dati su vulnerabilità e incidenti, con integrazione nel quadro europeo.

Threat Intelligence Sharing

Condivisione di dati sulle minacce tramite: indicatori di compromissione (IoC).
Dati comportamentali e analisi predittive basate su strumenti di

machine learning.
Collaborazione con aziende private e fornitori di infrastrutture critiche per raccogliere e condividere informazioni rilevanti.

Modalità di collaborazione transfrontaliera

Gestione degli incidenti transnazionali
La collaborazione transfrontaliera è essenziale per gestire incidenti che coinvolgono infrastrutture o servizi operanti in più Stati membri.

Coordinamento operativo
EU-CyCLONe funge da hub per la gestione delle crisi su vasta scala.

Condivisione delle risorse
Accesso a team di esperti, strumenti tecnici e piani di ripristino condivisi.

Simulazioni ed esercitazioni congiunte
Cyber Europe:
Esercitazioni organizzate da ENISA per testare la capacità di risposta collettiva a scenari complessi di attacchi informatici.

Esercitazioni bilaterali
Collaborazioni specifiche tra Stati membri per migliorare il coordinamento regionale.

Sviluppo di standard comuni
La cooperazione transfrontaliera promuove l'adozione di standard uniformi:
- Certificazioni di sicurezza armonizzate (es. ENISA Certification Framework).
- Linee guida per la gestione del rischio e la protezione delle infrastrutture critiche.

Problemi della collaborazione transfrontaliera

Disparità tra Stati membri
Differenze nei livelli di maturità cibernetica e nelle risorse

disponibili possono creare difficoltà nella cooperazione.

Protezione dei dati e della riservatezza
Bilanciare la necessità di condividere informazioni con la tutela della privacy e della proprietà intellettuale.

Coordinamento delle risposte
La gestione di incidenti complessi può essere ostacolata da differenze nei protocolli operativi nazionali.

Vantaggi degli scambi di informazioni e della collaborazione

Migliore rilevamento delle minacce
Lo scambio tempestivo di informazioni consente di identificare rapidamente le minacce e adottare contromisure efficaci.

Resilienza condivisa
La cooperazione rafforza la sicurezza collettiva, riducendo i rischi per tutti gli Stati membri.

Innovazione e armonizzazione
La collaborazione favorisce lo sviluppo di soluzioni tecnologiche avanzate e l'allineamento normativo.

Gli scambi di informazioni e la collaborazione transfrontaliera rappresentano un pilastro fondamentale della strategia europea di cybersecurity. Attraverso strumenti come il Gruppo di Cooperazione NIS, il CSIRT Network e la rete EU-CyCLONe, l'Unione Europea garantisce un approccio coordinato e proattivo alla gestione delle minacce informatiche. L'Italia, grazie al ruolo dell'Agenzia per la cybersicurezza nazionale (ACN), contribuisce attivamente a rafforzare la sicurezza cibernetica collettiva, promuovendo la cooperazione tra Stati membri e partner internazionali.

9. ASPETTI SANZIONATORI E REGIME DI VIGILANZA

Sanzioni amministrative previste dal D.Lgs. 138/2024

Il Decreto Legislativo n. 138/2024, recepisce la Direttiva (UE) 2022/2555 (NIS2) e introduce un quadro sanzionatorio articolato per garantire un elevato livello di sicurezza cibernetica. Le sanzioni previste si suddividono in amministrative e penali, con l'obiettivo di assicurare la conformità alle disposizioni normative e proteggere le infrastrutture critiche e i servizi essenziali.

Sanzioni amministrative

Le sanzioni amministrative sono applicate in caso di violazioni degli obblighi previsti dal decreto, tra cui:

Mancata adozione di misure di sicurezza adeguate: le organizzazioni che non implementano misure tecniche e organizzative per gestire i rischi di sicurezza informatica possono essere sanzionate.

Omissione nella notifica degli incidenti: la mancata comunicazione tempestiva di incidenti di sicurezza significativi all'Agenzia per la Cybersicurezza Nazionale (ACN) comporta sanzioni.

Le sanzioni amministrative pecuniarie possono raggiungere fino a 10.000.000 di euro o il 2% del fatturato mondiale annuo dell'organizzazione, se superiore.

L'entità della sanzione è determinata considerando la gravità della violazione, la durata, l'eventuale recidiva e la collaborazione dell'organizzazione con le autorità competenti.

Regime di vigilanza

L'Agenzia per la Cybersicurezza Nazionale è competente per la vigilanza e l'applicazione delle sanzioni previste dal decreto. Le sue funzioni includono:

Monitoraggio della conformità: verifica che le organizzazioni adottino le misure di sicurezza richieste e rispettino gli obblighi di notifica degli incidenti.

Ispezioni e audit: può condurre controlli presso le organizzazioni per valutare l'efficacia delle misure di sicurezza implementate.

Imposizione di sanzioni: in caso di violazioni, l'ACN ha il potere di irrogare le sanzioni amministrative previste e, se del caso, segnalare i fatti alle autorità giudiziarie per l'applicazione delle sanzioni penali.

L'ACN collabora con altre autorità nazionali e internazionali per garantire un approccio coordinato alla sicurezza cibernetica e alla protezione delle infrastrutture critiche.
Il D.Lgs. 138/2024 stabilisce un sistema sanzionatorio rigoroso per promuovere la sicurezza cibernetica, combinando sanzioni amministrative e penali per garantire la conformità alle normative.

Meccanismi di controllo e supervisione

Il Decreto Legislativo n. 138/2024 introduce meccanismi di controllo e supervisione volti a garantire la conformità dei soggetti obbligati alle misure di sicurezza cibernetica e alla gestione dei rischi. Le procedure rafforzano la protezione delle infrastrutture critiche e dei servizi essenziali, promuovendo un approccio sistemico e coordinato alla sicurezza cibernetica.

Meccanismi di controllo

Ispezioni e audit
Le autorità competenti effettuano controlli regolari presso i soggetti obbligati per verificare l'attuazione delle misure di sicurezza previste.

Audit documentali
Revisione delle politiche di sicurezza, dei piani di gestione del rischio e dei report di autovalutazione.

Ispezioni in loco
Verifica dell'effettiva implementazione delle misure di sicurezza nei sistemi e nei processi operativi.

Audit periodici obbligatori
Richiesta di revisioni programmate, soprattutto per i settori critici come energia, trasporti e sanità.

Monitoraggio continuo
L'ACN utilizza strumenti avanzati per il monitoraggio in tempo reale delle infrastrutture critiche e dei sistemi dei soggetti obbligati.

Piattaforme SIEM
Raccolta e analisi di log e dati di sicurezza per rilevare anomalie e attività sospette.

Condivisione di informazioni
Uso di piattaforme integrate per raccogliere dati dagli operatori e condividerli con autorità competenti e partner internazionali.

Valutazioni di conformità
I soggetti obbligati devono dimostrare la propria conformità attraverso:

Autovalutazioni obbligatorie
Presentazione periodica di rapporti che descrivono lo stato di attuazione delle misure di sicurezza.

Certificazioni
Ottenimento di certificazioni riconosciute, come ISO/IEC 27001 o schemi ENISA, per dimostrare il rispetto degli standard di sicurezza.

Notifica degli incidenti

La supervisione include il monitoraggio della tempestività e completezza delle notifiche di incidenti inviate dai soggetti obbligati:

Raccolta delle notifiche
Verifica che gli incidenti siano notificati entro le tempistiche previste (24 ore per la notifica iniziale, 72 ore per il rapporto intermedio).

Analisi post-incidenti
Valutazione delle cause e delle misure adottate per prevenire futuri eventi simili.

Meccanismi di supervisione

Coordinamento con autorità settoriali
L'ACN lavora in stretta collaborazione con le autorità competenti per settori specifici (energia, sanità, trasporti, finanza, ecc.), che svolgono attività di controllo sulle organizzazioni del proprio ambito.

Ruolo delle autorità settoriali
Supervisione diretta delle imprese nel proprio settore di competenza.
Collaborazione con l'ACN per affrontare problematiche tecniche o incidenti significativi.

Piani di miglioramento e follow-up
In caso di non conformità o di incidenti gravi, le autorità possono imporre ai soggetti obbligati di adottare misure correttive.

Piani di azione correttivi
Elaborazione di strategie per colmare le lacune identificate durante le ispezioni o gli audit.

Follow-up post-audit
Controlli successivi per verificare l'efficacia delle azioni correttive adottate.

Simulazioni ed esercitazioni
Le simulazioni periodiche sono un elemento chiave della supervisione, per testare la prontezza operativa delle organizzazioni:

Esercitazioni settoriali
Simulazioni specifiche per testare scenari critici in ambiti come energia, trasporti e sanità.

Esercitazioni nazionali e internazionali
Coinvolgimento di più soggetti obbligati e autorità per valutare la capacità di risposta collettiva.

Strumenti tecnologici a supporto del controllo e della supervisione

Sistemi di rilevamento delle vulnerabilità
Strumenti di scanning e analisi per individuare falle nei sistemi dei soggetti obbligati.

Machine Learning e AI
Utilizzo di tecnologie avanzate per analizzare grandi quantità di dati e individuare schemi anomali.

Piattaforme di condivisione delle informazioni
Integrazione dei dati raccolti a livello nazionale ed europeo tramite sistemi come EU-CyCLONe e la rete CSIRT.

Problemi per l'efficacia della supervisione

Risorse limitate
La necessità di monitorare un numero crescente di soggetti obbligati può sovraccaricare le autorità competenti.

Complessità tecnica
La supervisione di sistemi sempre più sofisticati richiede competenze specialistiche avanzate.

Collaborazione internazionale

Coordinare le attività con altri Stati membri può essere complesso, soprattutto in situazioni di emergenza.

Il sistema di controllo e supervisione previsto dal D.Lgs. n. 138/2024 è progettato per garantire un'applicazione rigorosa ed efficace delle misure di sicurezza cibernetica. Grazie alla previsione coordinata di audit, monitoraggio continuo, certificazioni e collaborazione tra autorità, il decreto promuove la resilienza delle infrastrutture critiche e dei servizi essenziali. L'Agenzia per la cybersicurezza nazionale, con il supporto delle autorità settoriali, presidia un approccio sistemico e coordinato per rafforzare la sicurezza del panorama digitale italiano.

10. PROSPETTIVE FUTURE PER LA CYBERSECURITY IN ITALIA E IN EUROPA

Sfide emergenti e nuove tecnologie (IA, IoT, 5G)

Il panorama della cybersecurity è in continua evoluzione, plasmato da sfide emergenti e dall'adozione di tecnologie innovative come l'intelligenza artificiale (IA), l'Internet of Things (IoT) e il 5G. Queste tecnologie, pur offrendo enormi opportunità di sviluppo economico e sociale, introducono nuovi rischi e minacce che richiedono un approccio proattivo e sistemico alla sicurezza cibernetica, soprattutto in un contesto globale che assiste al coinvolgimento di entità statali nell'organizzazione di cyber attacchi.

Sfide emergenti per la cybersecurity

Aumento della superficie di attacco
L'espansione dell'uso di dispositivi connessi e di tecnologie distribuite sta aumentando esponenzialmente la superficie di attacco.

Crescita dell'IoT
L'integrazione di dispositivi IoT in ambiti industriali, sanitari e domestici crea vulnerabilità difficili da gestire.
Molti dispositivi IoT hanno capacità limitate per la sicurezza e sono difficili da aggiornare.

Espansione delle reti 5G
La maggiore velocità e capacità di connessione del 5G aumentano la complessità delle infrastrutture di rete, rendendole potenzialmente più vulnerabili agli attacchi.

Cybercrime e ransomware

Gli attacchi ransomware sono diventati sempre più sofisticati e mirati, colpendo infrastrutture critiche, aziende e amministrazioni pubbliche. L'uso di ransomware-as-a-service consente anche ad attori meno competenti di lanciare attacchi significativi.

Minacce alla supply chain
Le infrastrutture digitali dipendono da catene di approvvigionamento complesse, che possono essere compromesse a monte per colpire più target (attacchi supply chain).

Attacchi geopolitici
La cybersecurity è sempre più influenzata dalla geopolitica, con attori statali e gruppi sponsorizzati che utilizzano attacchi cibernetici per destabilizzare economie e società.

Ruolo delle nuove tecnologie nella cybersecurity

Intelligenza artificiale (IA)
L'intelligenza artificiale rappresenta una risorsa fondamentale ma anche una minaccia nel contesto della cybersecurity:

Applicazioni positive
Sistemi di rilevamento delle minacce basati su IA possono identificare schemi anomali nei dati di rete in tempo reale. Consentono inoltre risposte agli incidenti, riducendo i tempi di reazione, nonché la predizione delle minacce attraverso l'analisi comportamentale e l'apprendimento automatico.

Rischi associati
Gli attori malevoli possono utilizzare l'IA per creare malware più sofisticati o per condurre attacchi mirati, come phishing altamente personalizzati. L'IA può inoltre essere sfruttata per analizzare grandi volumi di dati rubati, accelerando il processo di estrazione delle informazioni sensibili.

Internet of Things (IoT)
L'IoT, con miliardi di dispositivi connessi, offre vantaggi

significativi ma introduce anche vulnerabilità uniche.

Sfide principali
Mancanza di standard di sicurezza comuni.
Difficoltà di aggiornare i dispositivi una volta distribuiti.
Reti domestiche e industriali facilmente compromesse tramite dispositivi IoT mal configurati.

Soluzioni emergenti
Certificazioni specifiche per dispositivi IoT (es. ENISA IoT Cybersecurity Certification).
Reti segmentate per isolare i dispositivi IoT da altre infrastrutture critiche.

Reti 5G
Il 5G rappresenta probabilmente la spina dorsale della trasformazione digitale, ma introduce complessità di sicurezza mai viste prima.

Sfide principali
Maggiore dipendenza da software e virtualizzazione, con il rischio di vulnerabilità software non risolte.
Espansione delle reti private, che possono essere meno protette rispetto alle reti pubbliche.

Opportunità per la sicurezza
Tecnologie 5G possono essere integrate con soluzioni di sicurezza basate su IA per monitorare il traffico in tempo reale.
Segmentazione avanzata delle reti (network slicing) per isolare le applicazioni critiche.

Strategie per affrontare le sfide
L'implementazione della Direttiva NIS2 tramite il Decreto n. 138/2024 fornisce un quadro normativo aggiornato che:

- Estende gli obblighi di sicurezza a una gamma più ampia di soggetti.

- Introduce requisiti specifici per la gestione dei rischi associati a tecnologie come intelligenza artificiale, IoT e 5G.

Il percorso applicativo introdotto dalla nuova norma si basa su alcuni punti fondamentali:

Collaborazione pubblico-privato
Incentivare la condivisione di informazioni tra il settore pubblico e privato per affrontare le minacce in modo collaborativo.
Coinvolgere gli operatori del settore tecnologico nello sviluppo di standard comuni.

Investimenti in ricerca e sviluppo
Promuovere la creazione di tecnologie innovative per la sicurezza, come:
- Sistemi di difesa basati su blockchain per garantire l'integrità dei dati.
- Soluzioni crittografiche post-quantistiche per resistere alle potenziali minacce future.

Formazione e sviluppo delle competenze
Potenziare i programmi educativi per formare esperti in cybersecurity, con particolare attenzione alle tecnologie emergenti.
Offrire incentivi alle PMI per certificare i propri dipendenti in sicurezza informatica.

Prospettive future per l'Italia e l'Europa

Centralità dell'Agenzia per la cybersicurezza nazionale (ACN)
L'ACN continuerà a svolgere un ruolo chiave nel coordinamento delle attività di cybersecurity in Italia, promuovendo la cooperazione internazionale attraverso reti come EU-CyCLONe e il CSIRT Network e la protezione delle infrastrutture critiche attraverso politiche e linee guida specifiche.

Unione Europea come modello globale
L'Europa si posiziona come leader globale nella regolamentazione della cybersecurity, grazie a:

- Normative armonizzate che migliorano la resilienza collettiva.

- Programmi di investimento in tecnologie avanzate e infrastrutture sicure.

Ruolo strategico delle partnership
L'Italia può beneficiare di partnership tecnologiche con altri Stati membri, università e aziende private per affrontare minacce globali; in particolare la collaborazione con l'ENISA favorirà lo sviluppo di standard e certificazioni più robusti.

Le tecnologie emergenti come l'IA, l'IoT e il 5G offrono enormi opportunità, ma anche sfide complesse per la sicurezza cibernetica. L'Italia e l'Europa, attraverso normative avanzate, investimenti strategici e collaborazione internazionale, sono impegnate per affrontare queste sfide e costruire un ecosistema digitale resiliente e sicuro. La chiave per il successo è un approccio che integri innovazione tecnologica, formazione continua e cooperazione tra tutti gli attori coinvolti.

Rafforzamento della resilienza cibernetica nazionale

Il rafforzamento della resilienza cibernetica nazionale è uno degli obiettivi del D.Lgs. 138/2024. La resilienza cibernetica implica la capacità di prevenire, resistere e riprendersi rapidamente dagli incidenti di sicurezza informatica, garantendo la continuità delle operazioni e la protezione delle infrastrutture critiche.

Strategia per il rafforzamento della resilienza
La visione strategica introdotta dal decreto si basa sull'adozione di misure tecniche e organizzative avanzate, quali:

Monitoraggio continuo: utilizzo di strumenti avanzati, come piattaforme SIEM e soluzioni basate su intelligenza artificiale, per rilevare e prevenire attacchi in tempo reale.

Progettazione sicura delle reti: implementazione di architetture resilienti, con segmentazione delle reti e sistemi di failover per garantire la continuità operativa anche in caso di attacchi.

Protezione dei dati: adozione di tecniche di crittografia, backup geograficamente distribuiti e piani di ripristino per ridurre al minimo l'impatto degli incidenti.

Promozione di una cultura della sicurezza

Formazione e sensibilizzazione: programmi educativi per dipendenti pubblici e privati, volti a migliorare la consapevolezza sui rischi cibernetici e a ridurre gli errori umani, spesso causa di violazioni.

Coinvolgimento delle PMI: incentivi per aiutare le piccole e medie imprese a implementare misure di sicurezza, superando le difficoltà legate a risorse limitate.

Rafforzamento della gestione degli incidenti

Il nuovo quadro normativo prevede inoltre:

Incident Response Teams (IRT)
Formazione di team dedicati per rispondere rapidamente agli incidenti, con protocolli chiari e procedure testate.

Piani di continuità operativa e disaster recovery
Definizione e aggiornamento continuo di piani per garantire la ripresa delle attività critiche nel minor tempo possibile.

Ruolo dell'Agenzia per la cybersicurezza nazionale (ACN)

Come già ricordato, L'ACN è il fulcro del rafforzamento della resilienza cibernetica nazionale. Le sue funzioni per il rafforzamento della resilienza cibernetica nazionale includono il coordinamento strategico, il supporto tecnico, la supervisione e vigilanza.

Collaborazione pubblico-privato

Il rafforzamento della resilienza richiede un approccio collaborativo tra il settore pubblico e quello privato, soprattutto con riguardo a:

Condivisione di informazioni
Creazione di piattaforme per lo scambio di dati su minacce e incidenti.

Standard comuni
Sviluppo e applicazione di linee guida armonizzate per tutti i settori.

Partenariati pubblico-privati (PPP)
Promozione di progetti congiunti per sviluppare soluzioni innovative e migliorare la protezione delle infrastrutture critiche.

Cooperazione internazionale
La resilienza nazionale è strettamente connessa alla collaborazione con altri Stati membri dell'UE e con organizzazioni internazionali; ciò riguarda sia la partecipazione attiva alle reti europee, sia la gestione coordinata delle crisi e la condivisione delle risorse. Un ruolo specifico spetta alla adozione e diffusione di standard globali e alla adozione di certificazioni e pratiche riconosciute a livello internazionale per garantire un approccio uniforme alla sicurezza.

Investimenti in tecnologie e innovazione
L'Italia sta investendo in tecnologie avanzate per rafforzare la propria resilienza cibernetica:

Soluzioni basate su IA
Applicazione dell'intelligenza artificiale per migliorare la rilevazione delle minacce e l'automazione delle risposte.

Sicurezza del 5G e dell'IoT
Implementazione di misure specifiche per garantire la protezione delle reti di nuova generazione e dei dispositivi connessi.

Il D.Lgs. 138/2024 rappresenta un passo decisivo per rafforzare la resilienza cibernetica dell'Italia, allineandola alle priorità europee e globali. Il rafforzamento della resilienza cibernetica non è solo una necessità operativa, ma anche un elemento essenziale per la fiducia e la crescita nell'era digitale, rendendo il sistema nazionale un modello per la cooperazione internazionale e l'innovazione.

11. SCHEMA OPERATIVO DI DUE DILIGENCE AI SENSI DEL D. LGS. 138/2024

La due diligence delineata nel D.Lgs. 138/2024 si articola in fasi sequenziali e iterative, pensate per garantire una gestione strutturata dei rischi cibernetici e la conformità agli obblighi normativi. Ogni fase è progettata per individuare, valutare, mitigare e monitorare le minacce, assicurando al contempo una risposta tempestiva agli incidenti e un aggiornamento continuo delle politiche di sicurezza.

Fasi principali

Inizio: Avvio della due diligence
La procedura inizia con un'analisi preliminare dell'ambiente operativo e la definizione degli obiettivi di sicurezza. Questa fase prevede la formazione di team interdisciplinari per garantire competenze tecniche, legali e organizzative adeguate.

Identificazione dei rischi cibernetici
Si effettua una mappatura delle infrastrutture critiche e dei sistemi essenziali, identificando le vulnerabilità e i potenziali vettori di attacco. È fondamentale coinvolgere esperti di sicurezza e operatori aziendali per ottenere una visione completa dei rischi.

Valutazione e classificazione dei rischi
Ogni rischio identificato viene analizzato in base alla probabilità di occorrenza e all'impatto potenziale. Si utilizzano framework standard, come l'ISO/IEC 27005, per garantire una classificazione coerente e prioritaria.

Implementazione di misure di mitigazione
Le misure tecniche e organizzative vengono progettate e adottate per ridurre i rischi. Questo include l'implementazione di firewall,

crittografia, backup sicuri e formazione del personale, nonché lo sviluppo di piani di continuità operativa.

Monitoraggio continuo e revisione
Si attivano strumenti di monitoraggio (es. SIEM) per rilevare anomalie e minacce in tempo reale. Il monitoraggio regolare consente di adattare le politiche e le procedure alle nuove minacce e alle evoluzioni tecnologiche.

Gestione degli incidenti e notifica
In caso di incidente, vengono attivati i protocolli di risposta per contenere i danni e garantire il ripristino delle operazioni. La notifica degli incidenti alle autorità competenti, come l'ACN, è essenziale per la conformità normativa.

Verifica di conformità e audit periodici
Periodicamente vengono condotti audit per verificare l'efficacia delle misure adottate e identificare aree di miglioramento. Gli audit possono essere interni o esterni e includono la valutazione dei piani di sicurezza e delle certificazioni.

Conclusione: Aggiornamento delle politiche
La procedura si conclude con un rapporto finale che documenta le azioni intraprese, i risultati ottenuti e le lezioni apprese. Questo rapporto è utilizzato per aggiornare le politiche di sicurezza e preparare le future iterazioni del processo di due diligence.

Aspetti pratici per l'utilizzo del modello

Il modello di due diligence offre una struttura scalabile, applicabile a organizzazioni di diverse dimensioni e settori. Per un'implementazione efficace, è fondamentale:

Coinvolgere i vertici aziendali: La gestione dei rischi cibernetici deve essere una priorità strategica.

Integrare competenze interdisciplinari: Il contributo di ingegneri, esperti IT, consulenti legali e responsabili aziendali è essenziale per affrontare tutte le sfaccettature dei rischi.

Adottare strumenti tecnologici avanzati: Soluzioni basate su intelligenza artificiale e machine learning possono migliorare il rilevamento delle minacce e l'automazione delle risposte.

Aggiornare regolarmente le politiche: L'evoluzione costante delle minacce richiede un adattamento continuo delle misure di sicurezza.

Questo approccio tende ad assicurare la conformità normativa, protegge le infrastrutture critiche e rafforza la resilienza cibernetica, contribuendo a creare un ecosistema digitale sicuro e sostenibile.

CONCLUSIONE

La cybersecurity rappresenta oggi uno degli ambiti strategici e critici per il futuro delle infrastrutture, dei servizi essenziali e delle imprese, sia in Italia che in Europa. Con il recepimento della Direttiva NIS2 tramite il D.Lgs. 138/2024, il Paese ha compiuto un passo decisivo verso un approccio strutturato e sistemico alla sicurezza cibernetica, ponendo al centro la resilienza delle infrastrutture critiche e il coordinamento tra pubblico e privato. La normativa ha rafforzato le responsabilità degli attori coinvolti, definendo un quadro chiaro di obblighi per i soggetti essenziali e importanti, e ha introdotto strumenti innovativi per la gestione dei rischi, la notifica degli incidenti e l'armonizzazione delle misure a livello europeo.

Gli ingegneri assumono un ruolo fondamentale in questo scenario, combinando competenze tecniche avanzate con una capacità operativa che li rende indispensabili per l'attuazione delle politiche di sicurezza. La loro presenza è cruciale nella progettazione di sistemi sicuri, nella gestione del rischio, nella risposta agli incidenti e nell'adozione delle nuove tecnologie, come l'intelligenza artificiale, l'IoT e il 5G. La crescente complessità delle infrastrutture digitali richiede soluzioni innovative e scalabili, in cui gli ingegneri, con il loro contributo interdisciplinare, riescono a integrare tecnologie avanzate, normative stringenti e strategie organizzative.

La cooperazione internazionale, sostenuta da reti europee come il Gruppo di Cooperazione NIS e l'EU-CyCLONe, completa questo quadro, rafforzando la capacità di risposta collettiva alle minacce globali e promuovendo lo sviluppo di standard armonizzati. In questo contesto, l'Agenzia per la cybersicurezza nazionale (ACN) funge da pilastro centrale, coordinando gli sforzi nazionali e integrandoli con quelli europei, promuovendo una cultura della sicurezza che valorizzi la formazione, la condivisione delle informazioni e l'innovazione tecnologica.

Le prospettive future per la cybersecurity si concentrano

sull'adattamento alle sfide emergenti, come l'aumento degli attacchi alla supply chain, la crescita del ransomware e l'espansione delle superfici di attacco digitali.

Affrontare queste minacce richiederà un'azione congiunta, investimenti significativi e un rafforzamento della collaborazione tra pubblico e privato. Gli ingegneri continueranno a svolgere un ruolo chiave in questo percorso, non solo come progettisti e implementatori di soluzioni tecniche, ma anche come innovatori capaci di anticipare i rischi e guidare lo sviluppo di nuove tecnologie per proteggere il tessuto digitale.

L'obiettivo è costruire un ecosistema digitale resiliente e sicuro, in grado di sostenere la trasformazione digitale del Paese e garantire la fiducia degli utenti e degli stakeholder.

L'Italia, attraverso una governance efficace e il contributo strategico degli ingegneri e degli altri professionisti della cybersecurity, può affrontare le sfide per la protezione delle infrastrutture critiche e la gestione dei rischi cibernetici ed esercitare un ruolo determinante anche per la sicurezza digitale europea.

ATTI AGGIORNATI DAL D. LGS. 138/2024

DECRETO LEGISLATIVO 1 agosto 2003, n. 259 (in SO n.150, relativo alla G.U. 15/09/2003, n.214)

DECRETO LEGISLATIVO 18 maggio 2018, n. 65 (in G.U. 09/06/2018, n.132)

DECRETO-LEGGE 21 settembre 2019, n. 105 (in G.U. 21/09/2019, n.222)

DECRETO-LEGGE 14 giugno 2021, n. 82 (in G.U. 14/06/2021, n.140)

ATTI CORRELATI AL D. LGS. 138/2024

LEGGE 21 febbraio 2024, n. 15 (in G.U. 24/02/2024, n.46) Delega al Governo per il recepimento delle direttive europee e l'attuazione di altri atti dell'Unione europea - Legge di delegazione europea 2022-2023. (24G00027)

DECRETO LEGISLATIVO 9 luglio 2024, n. 100 (in G.U. 10/07/2024, n.160) Disposizioni per l'adeguamento della normativa nazionale all'articolo 138 del regolamento (UE) 2018/1139 del Parlamento europeo e del Consiglio del 4 luglio 2018 e alla direttiva (UE) 2022/2380 del Parlamento europeo e del Consiglio del 23 novembre 2022 che modificano la direttiva 2014/53/UE, concernente l'armonizzazione delle legislazioni degli Stati membri relative alla messa a disposizione sul mercato di apparecchiature radio. (24G00117)

DECRETO LEGISLATIVO 30 luglio 2024, n. 116 (in G.U. 13/08/2024, n.189) Recepimento della direttiva (UE) 2021/2167, del Parlamento europeo e del Consiglio, del 24 novembre 2021, relativa ai gestori di crediti e agli acquirenti di crediti e che modifica le direttive 2008/48/CE e 2014/17/UE. (24G00129)

DECRETO LEGISLATIVO 6 settembre 2024, n. 125 (in G.U. 10/09/2024, n.212) Attuazione della direttiva 2022/2464/UE del Parlamento europeo e del Consiglio del 14 dicembre 2022, recante modifica del regolamento 537/2014/UE, della direttiva 2004/109/CE, della direttiva 2006/43/CE e della direttiva 2013/34/UE per quanto riguarda la rendicontazione societaria di sostenibilità. (24G00145)

DECRETO LEGISLATIVO 4 settembre 2024, n. 128 (in G.U. 12/09/2024, n.214) Attuazione della direttiva (UE) 2021/2101 del Parlamento europeo e del Consiglio del 24 novembre 2021, che modifica la direttiva 2013/34/UE per quanto riguarda la comunicazione delle informazioni sull'imposta sul reddito da parte di talune imprese e succursali. (24G00146)

DECRETO LEGISLATIVO 5 settembre 2024, n. 129 (in G.U. 13/09/2024, n.215) Adeguamento della normativa nazionale al regolamento (UE) 2023/1114 del Parlamento europeo e del Consiglio, del 31 maggio 2023, relativo ai mercati delle cripto-attività e che modifica i regolamenti (UE) n. 1093/2010 e (UE) n. 1095/2010 e le direttive 2013/36/UE e (UE) 2019/1937. (24G00147)

DECRETO LEGISLATIVO 4 settembre 2024, n. 134 (in G.U. 23/09/2024, n.223) Attuazione della direttiva (UE) 2022/2557 del Parlamento europeo e del Consiglio, del 14 dicembre 2022, relativa alla resilienza dei soggetti critici e che abroga la direttiva 2008/114/CE del Consiglio. (24G00150)

DECRETO LEGISLATIVO 4 settembre 2024, n. 135 (in G.U. 26/09/2024, n.226) Attuazione della direttiva (UE) 2022/431 del Parlamento europeo e del Consiglio, del 9 marzo 2022, che modifica la direttiva 2004/37/CE sulla protezione dei lavoratori contro i rischi derivanti da un'esposizione ad agenti cancerogeni o mutageni durante il lavoro. (24G00153)

DECRETO LEGISLATIVO 7 ottobre 2024, n. 144 (in G.U. 10/10/2024, n.238) Norme di adeguamento della normativa nazionale alle disposizioni del regolamento (UE) 2022/868 del Parlamento europeo e del Consiglio, del 30 maggio 2022, relativo alla governance europea dei dati e che modifica il regolamento (UE) 2018/1724. (24G00167)

DECRETO LEGISLATIVO 4 settembre 2024, n. 146 (in G.U. 11/10/2024, n.239) Attuazione della direttiva di esecuzione (UE) 2022/2438, che modifica la direttiva 93/49/CEE e la direttiva di esecuzione 2014/98/UE, per quanto riguarda gli organismi nocivi regolamentati non da quarantena rilevanti per l'Unione sui materiali di moltiplicazione delle piante ornamentali, sui materiali di moltiplicazione delle piante da frutto e sulle piante da frutto destinate alla produzione di frutti. (24G00162)

DECRETO LEGISLATIVO 10 settembre 2024, n. 147 (in G.U. 14/10/2024, n.241) Attuazione della direttiva (UE) 2023/958 del Parlamento europeo e del Consiglio, del 10 maggio 2023, recante modifica della direttiva 2003/87/CE per quanto riguarda il contributo del trasporto aereo all'obiettivo di riduzione delle emissioni in tutti i settori dell'economia dell'Unione e recante adeguata attuazione di una misura mondiale basata sul mercato, nonché della direttiva (UE) 2023/959 del Parlamento europeo e del Consiglio, del 10 maggio 2023, recante modifica della direttiva 2003/87/CE, che istituisce un sistema per lo scambio di quote di emissioni dei gas a effetto serra nell'Unione, e della decisione (UE) 2015/1814, relativa all'istituzione e al funzionamento di una riserva stabilizzatrice del mercato nel sistema dell'Unione per lo scambio di quote di emissione dei gas a effetto serra. (24G00163)

DECRETO LEGISLATIVO 7 ottobre 2024, n. 156 (in G.U. 21/10/2024, n.247) Adeguamento della disciplina sanzionatoria prevista dal testo unico delle leggi in materia di disciplina degli stupefacenti e sostanze psicotrope, prevenzione, cura e riabilitazione dei relativi stati di tossicodipendenza, di cui al decreto del Presidente della Repubblica 9 ottobre 1990, n. 309, al regolamento (UE) n. 1259/2013 del Parlamento europeo e del Consiglio del 20 novembre 2013, che modifica il regolamento (CE) n. 111/2005 del Consiglio recante norme per il controllo del commercio dei precursori di droghe tra la comunità e i paesi terzi. (24G00172)

INFORMAZIONI SULL'AUTORE

Roberto Sammarchi

Avvocato italiano del foro di Bologna, abilitato al patrocinio davanti alle giurisdizioni superiori e specialista in diritto dell'informazione, della comunicazione digitale e della tutela dei dati personali. È dottore di ricerca in informatica giuridica e diritto dell'informatica. Ha conseguito il master in diritto tributario e svolto percorsi di alta formazione in amministrazione, finanza e controllo, legislazione alimentare e diritto comunitario.

È docente da oltre quindici anni nel master universitario in Ingegneria clinica dell'Università di Bologna, dove cura un corso sulle responsabilità giuridiche nelle professioni tecniche e sanitarie.

Da oltre trent'anni si occupa di rapporti fra imprese e organizzazioni italiane e tedesche; presta servizi legali in Germania come avvocato europeo notificato alla Camera Avvocati di Monaco. Rappresenta in Emilia-Romagna ITKAM, Camera di Commercio Italiana per la Germania.

Manager dell'innovazione e internal auditor, è impegnato in numerose realtà associative, fra cui AIAS (Associazione Italiana Ambiente e Sicurezza) e Federmanager.

www.ingramcontent.com/pod-product-compliance
Lightning Source LLC
Chambersburg PA
CBHW071403220526
45469CB00004B/1151